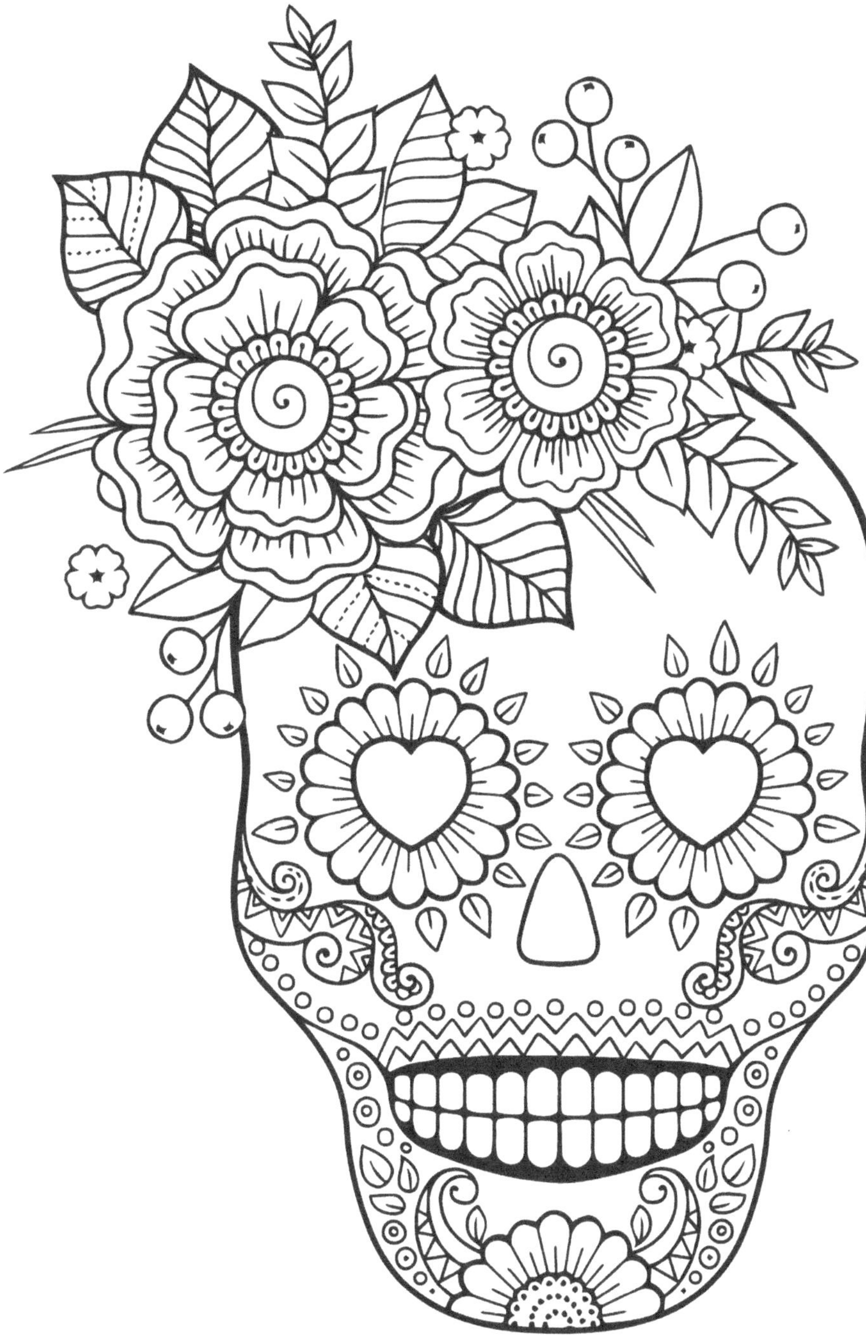

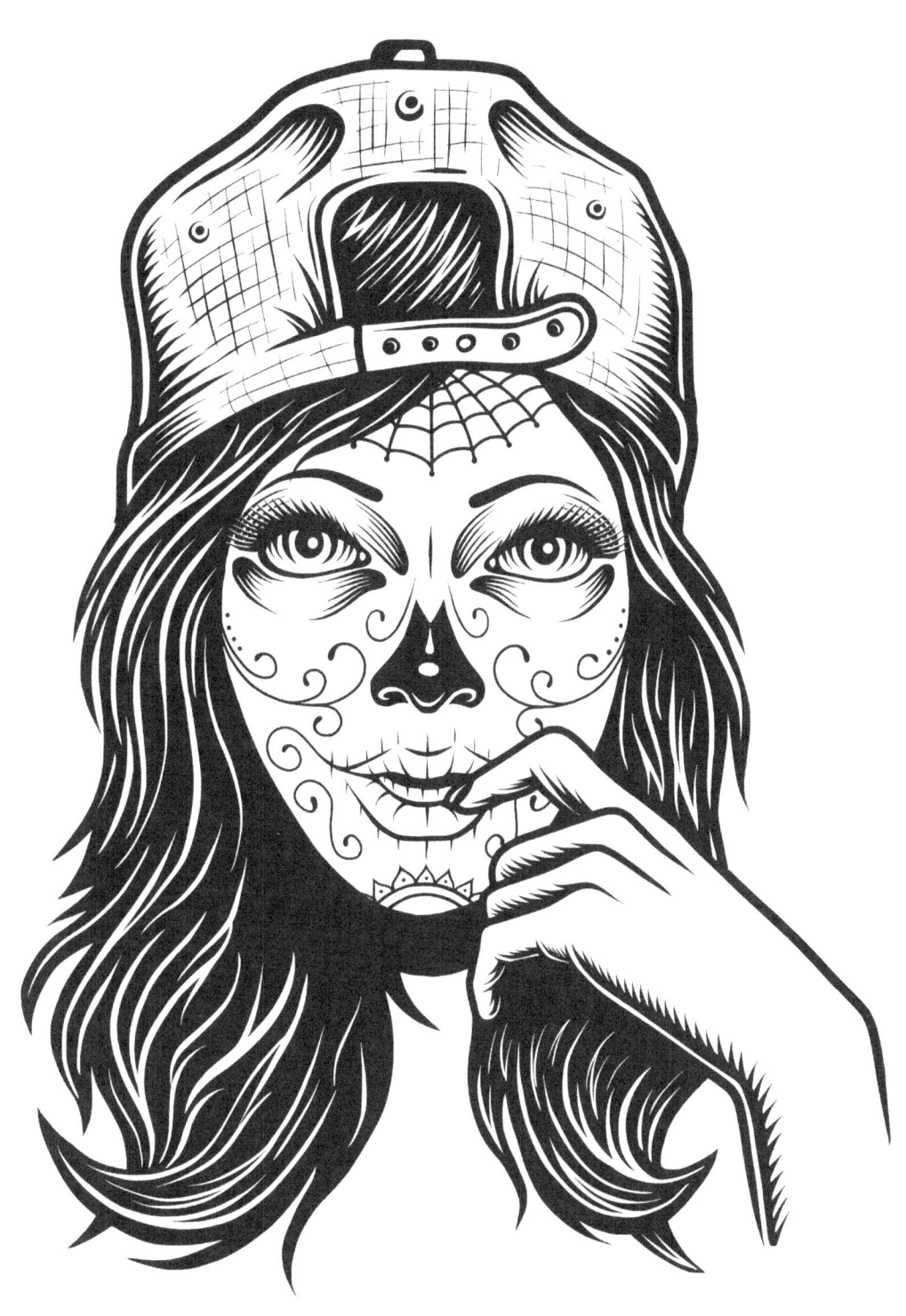

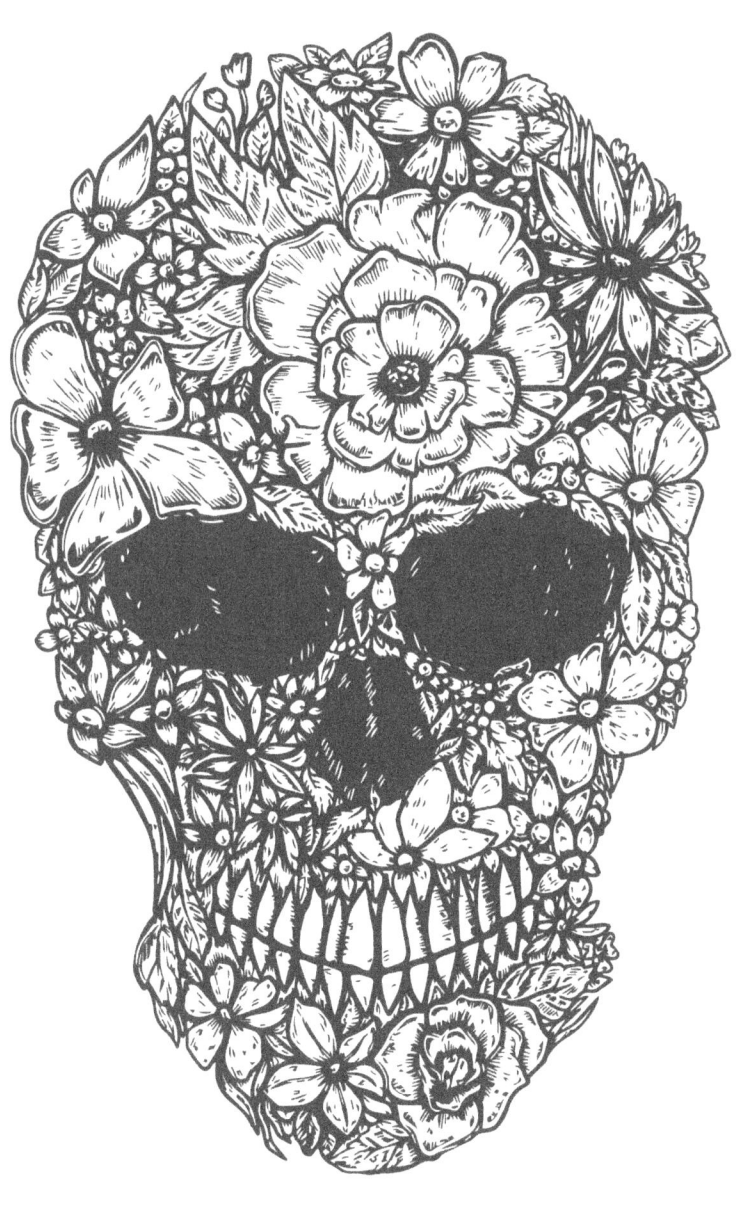

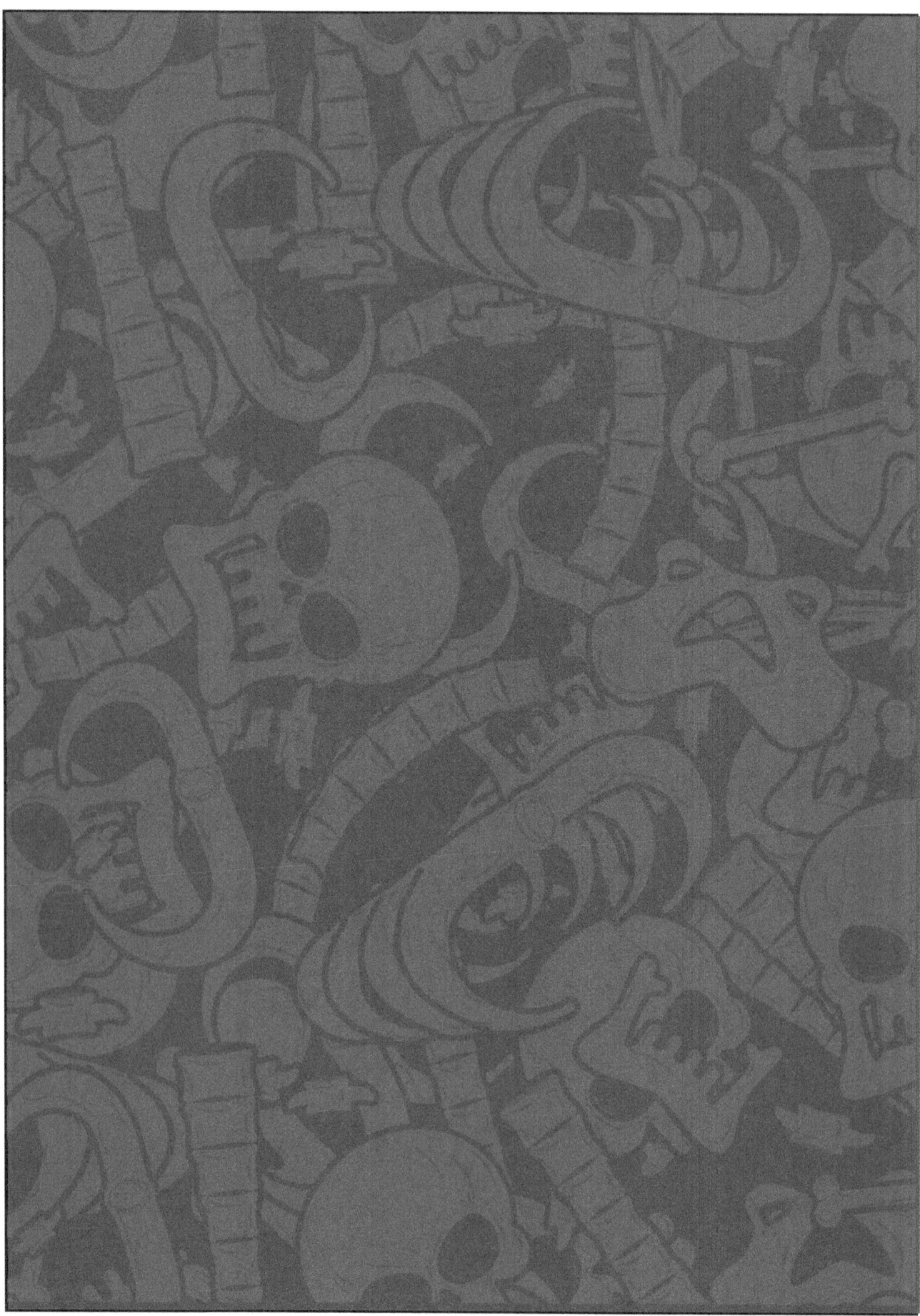

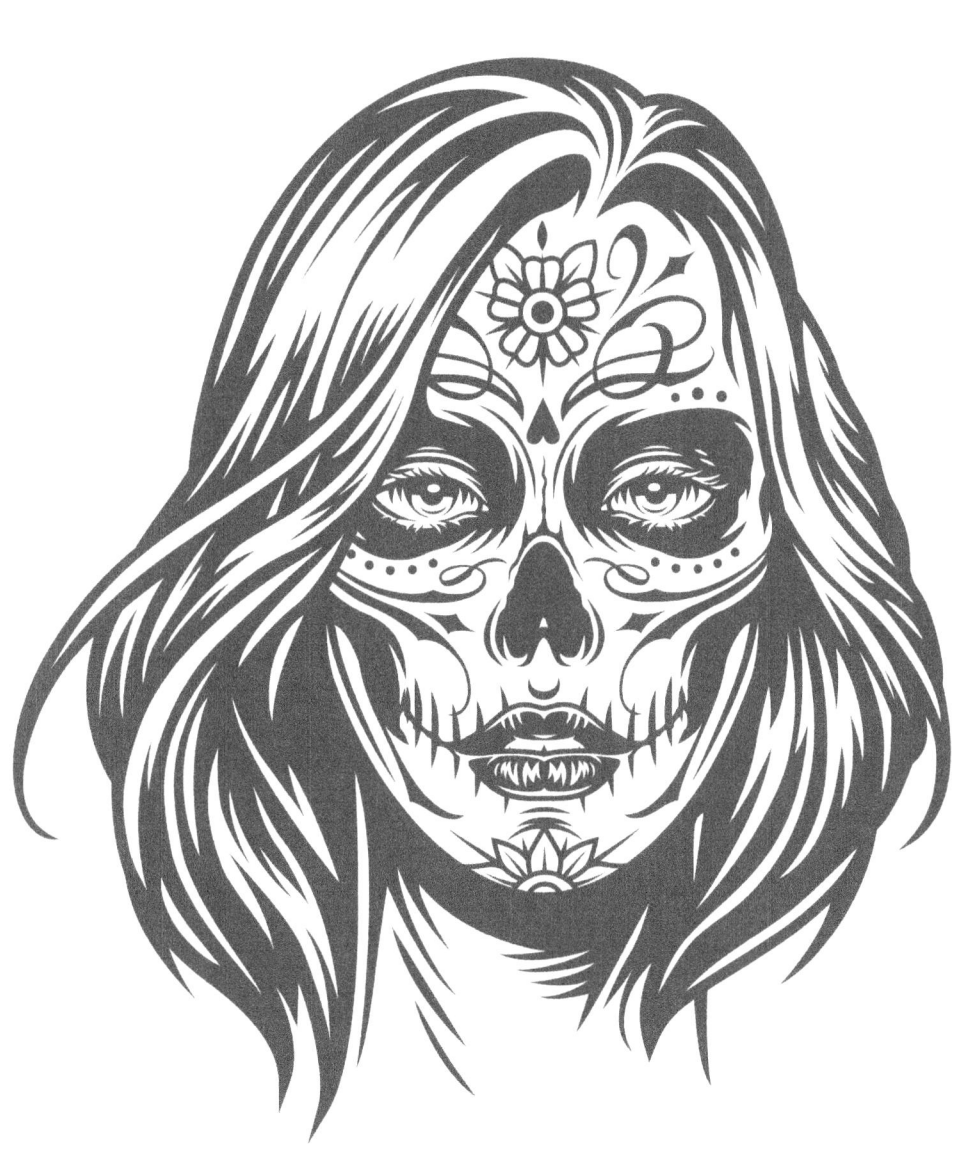

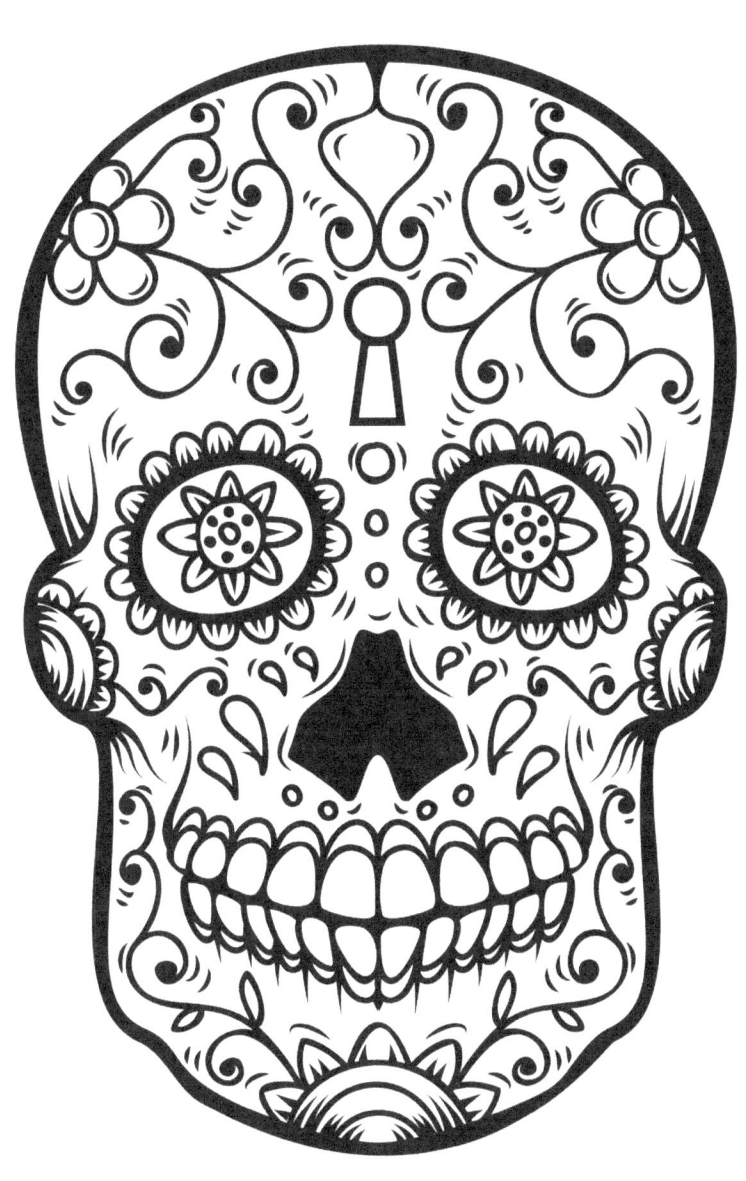

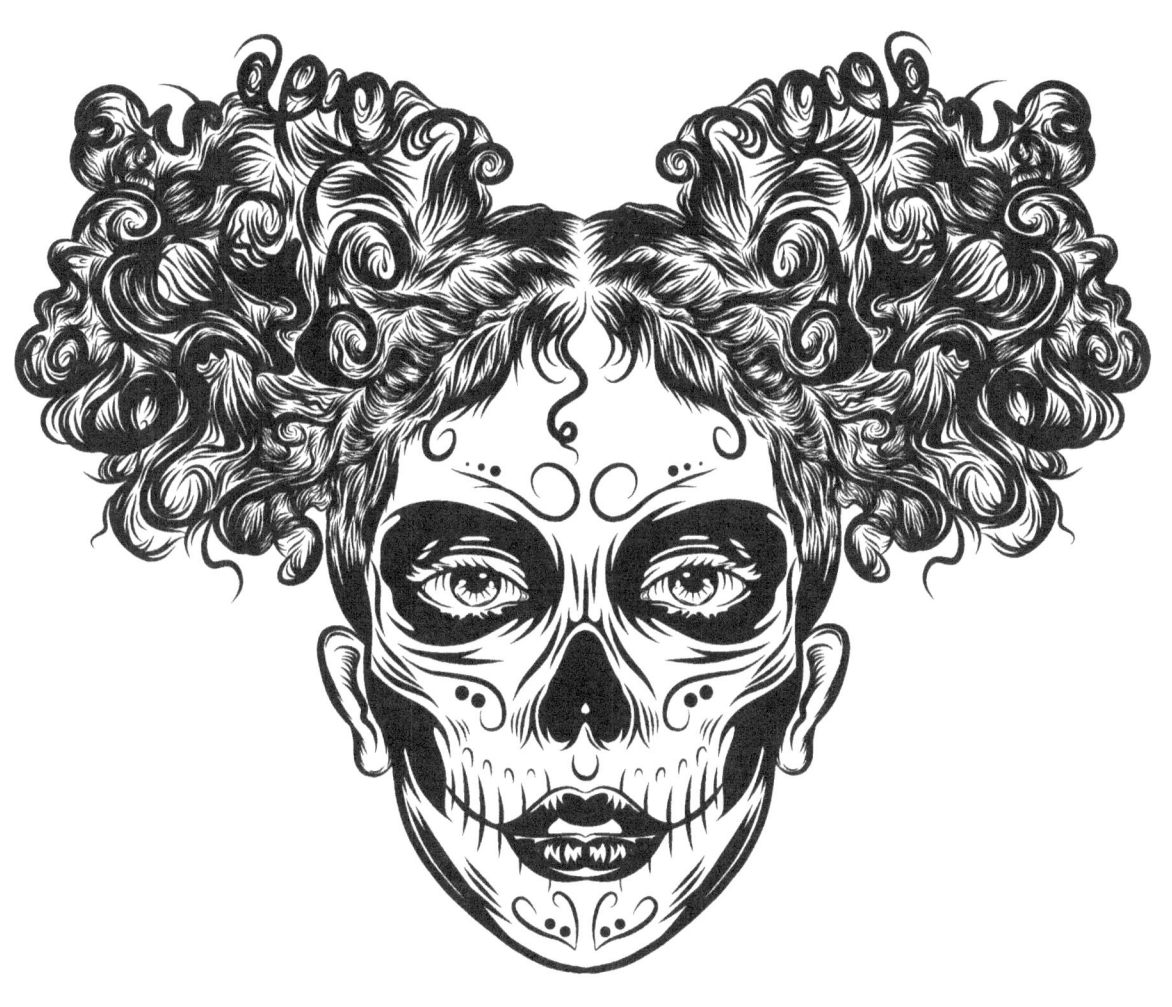

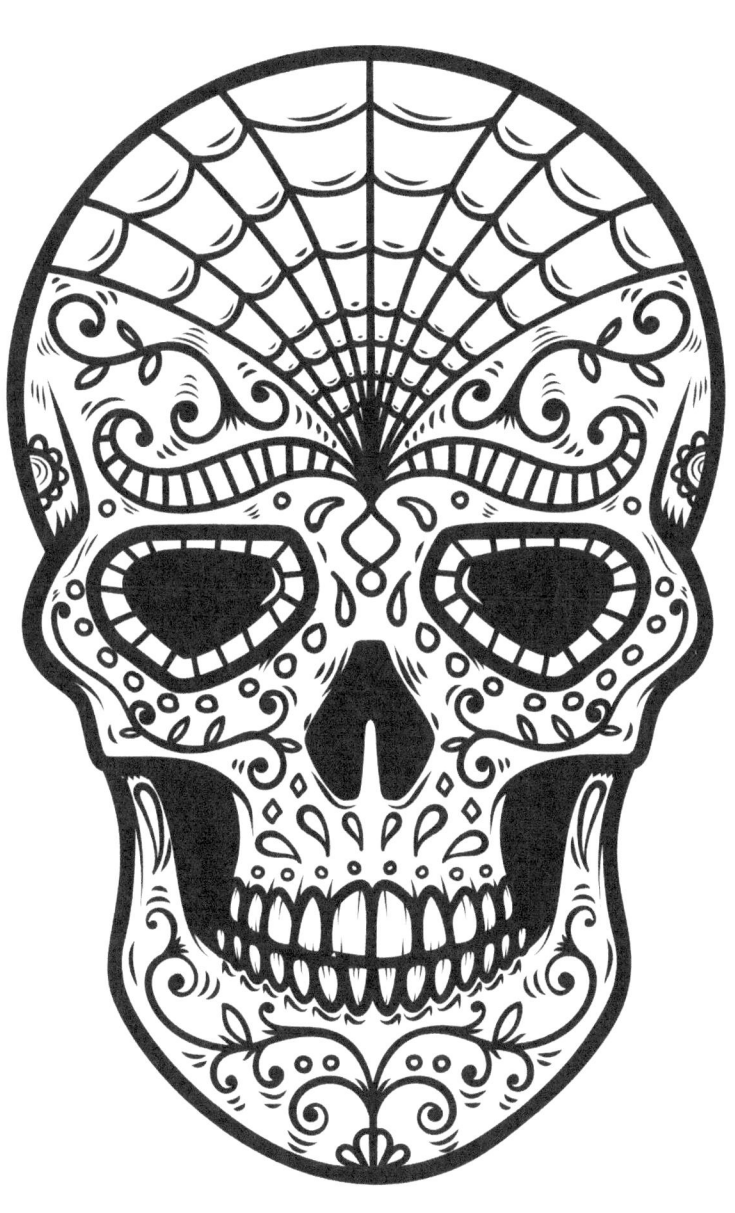

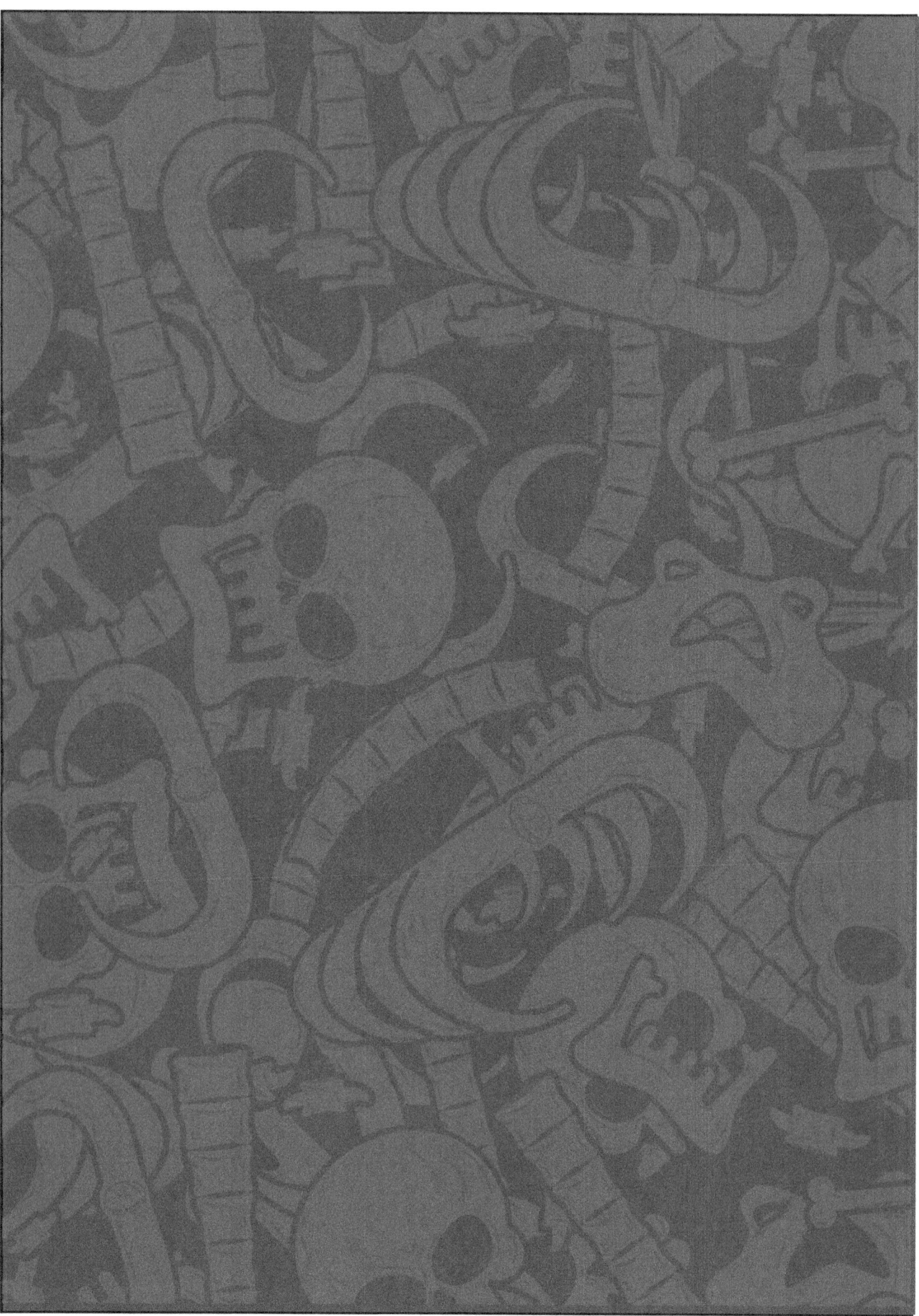

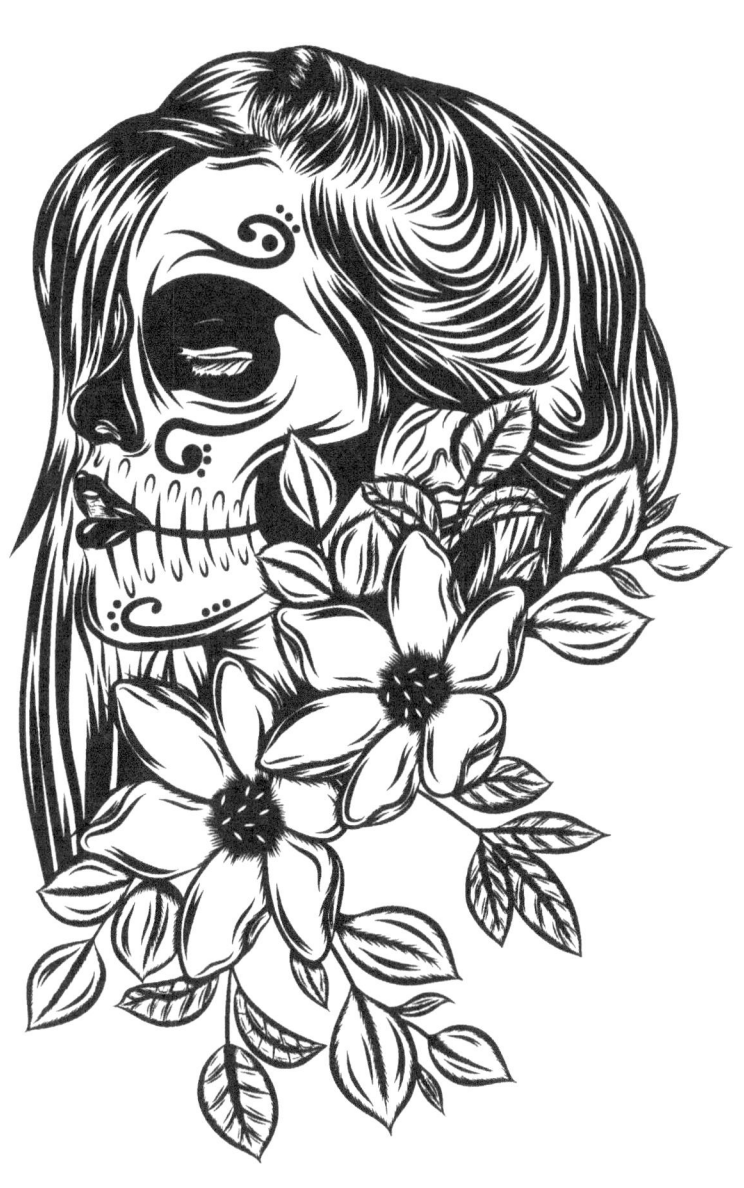

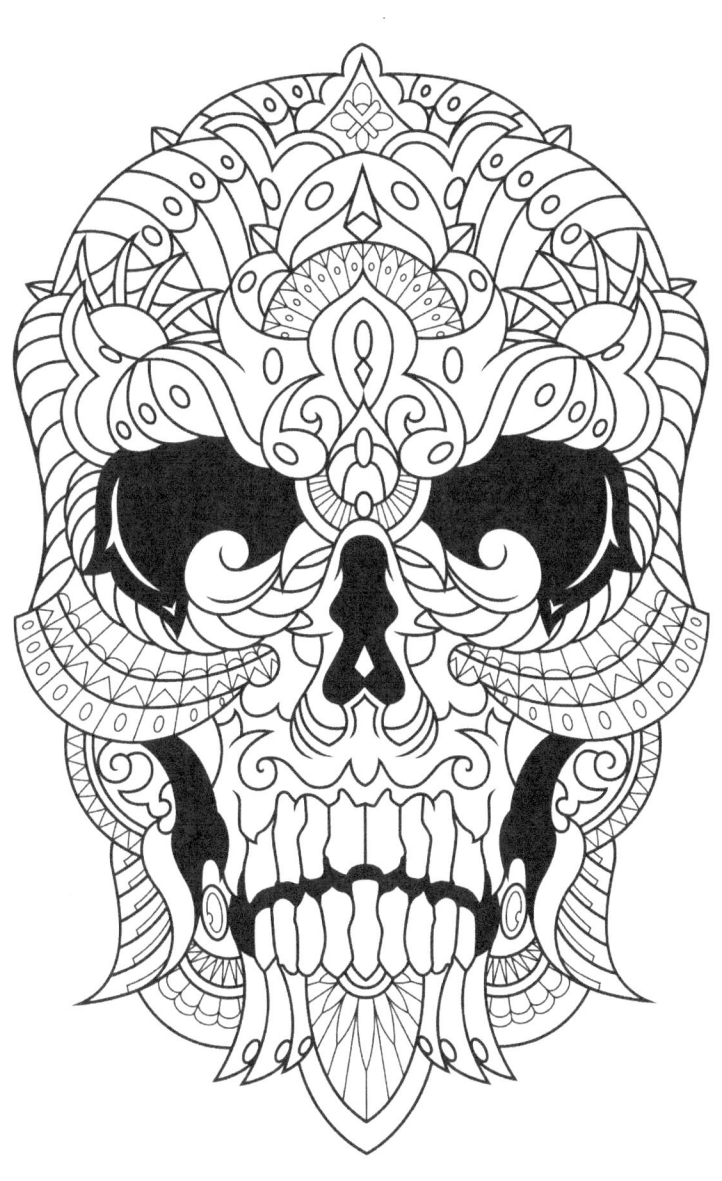

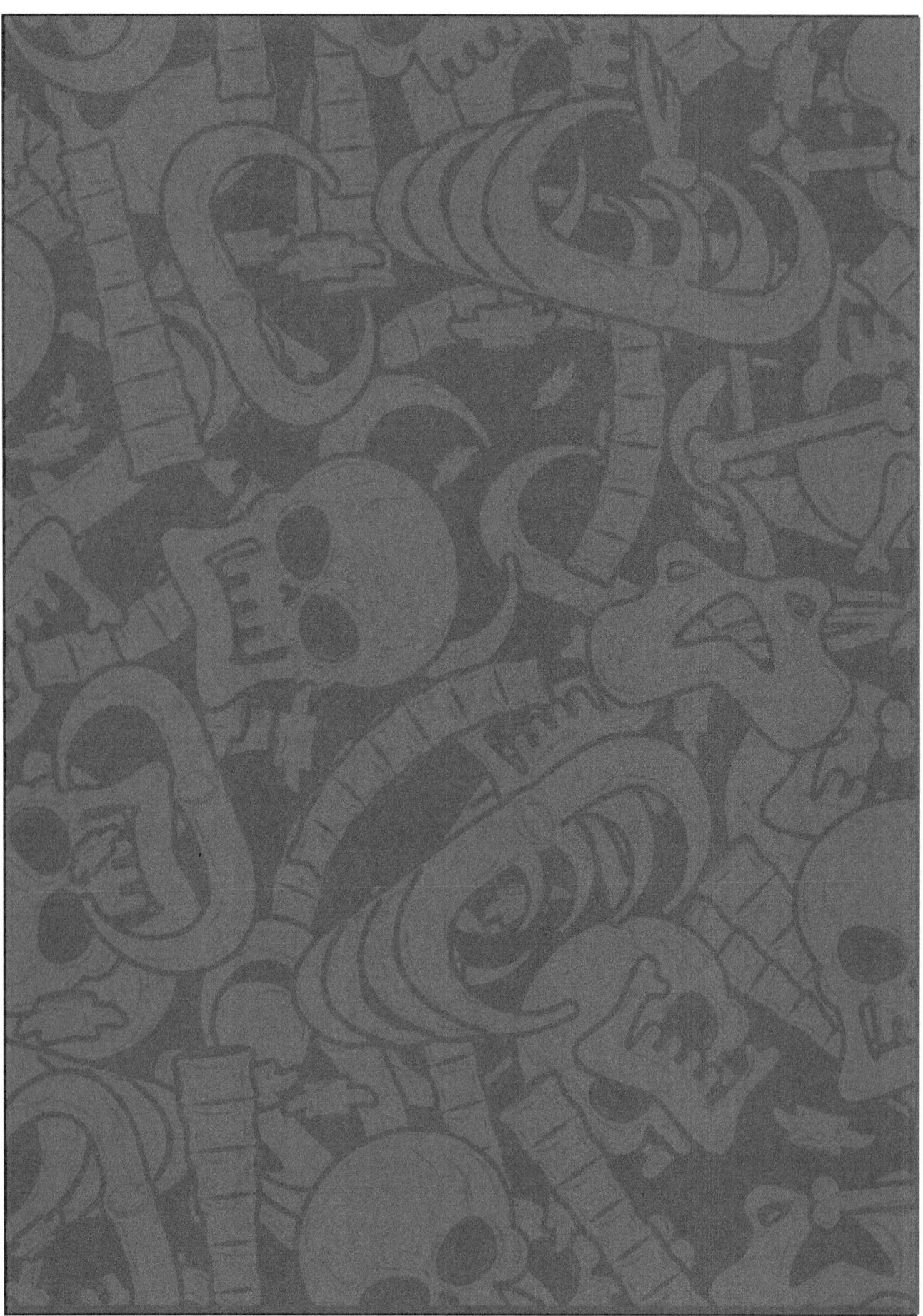

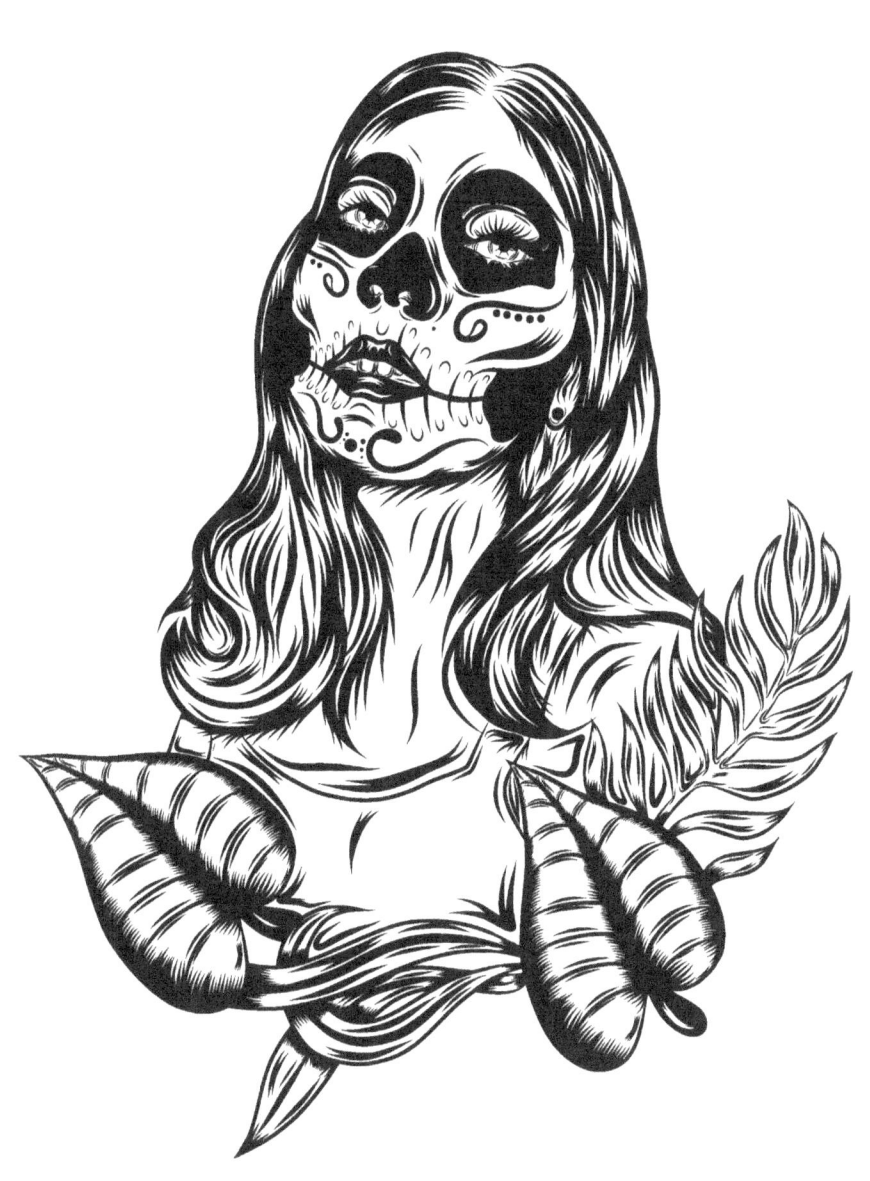

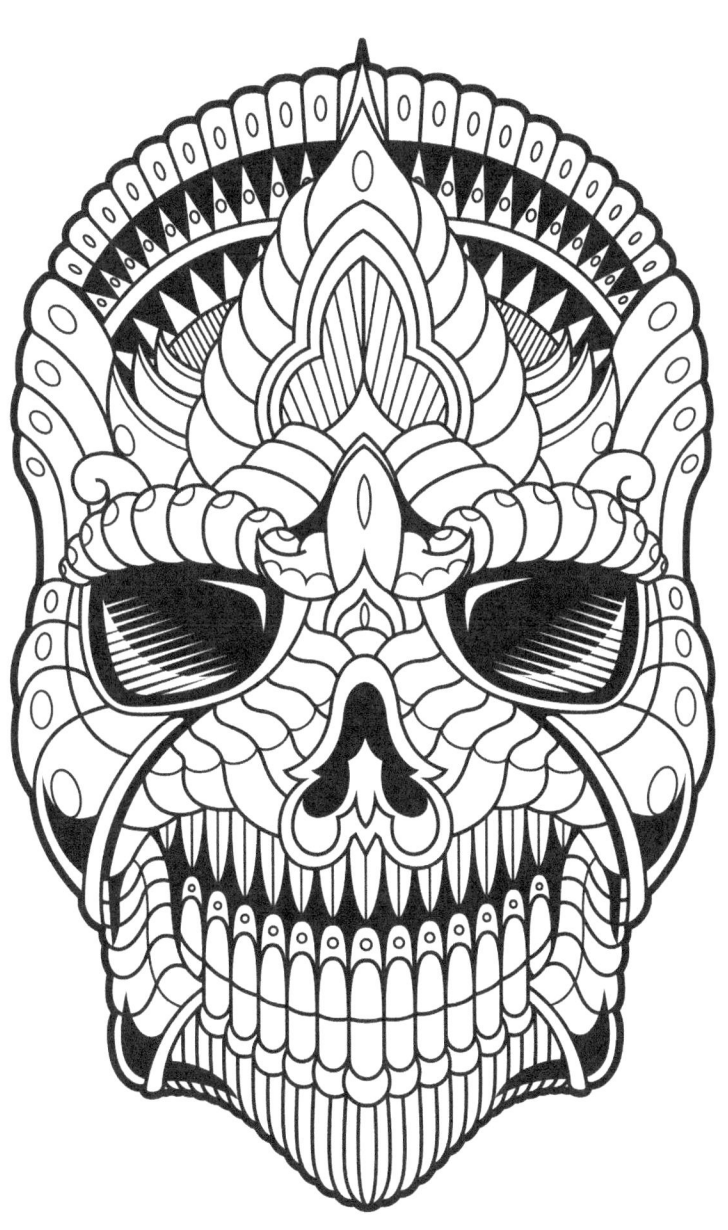

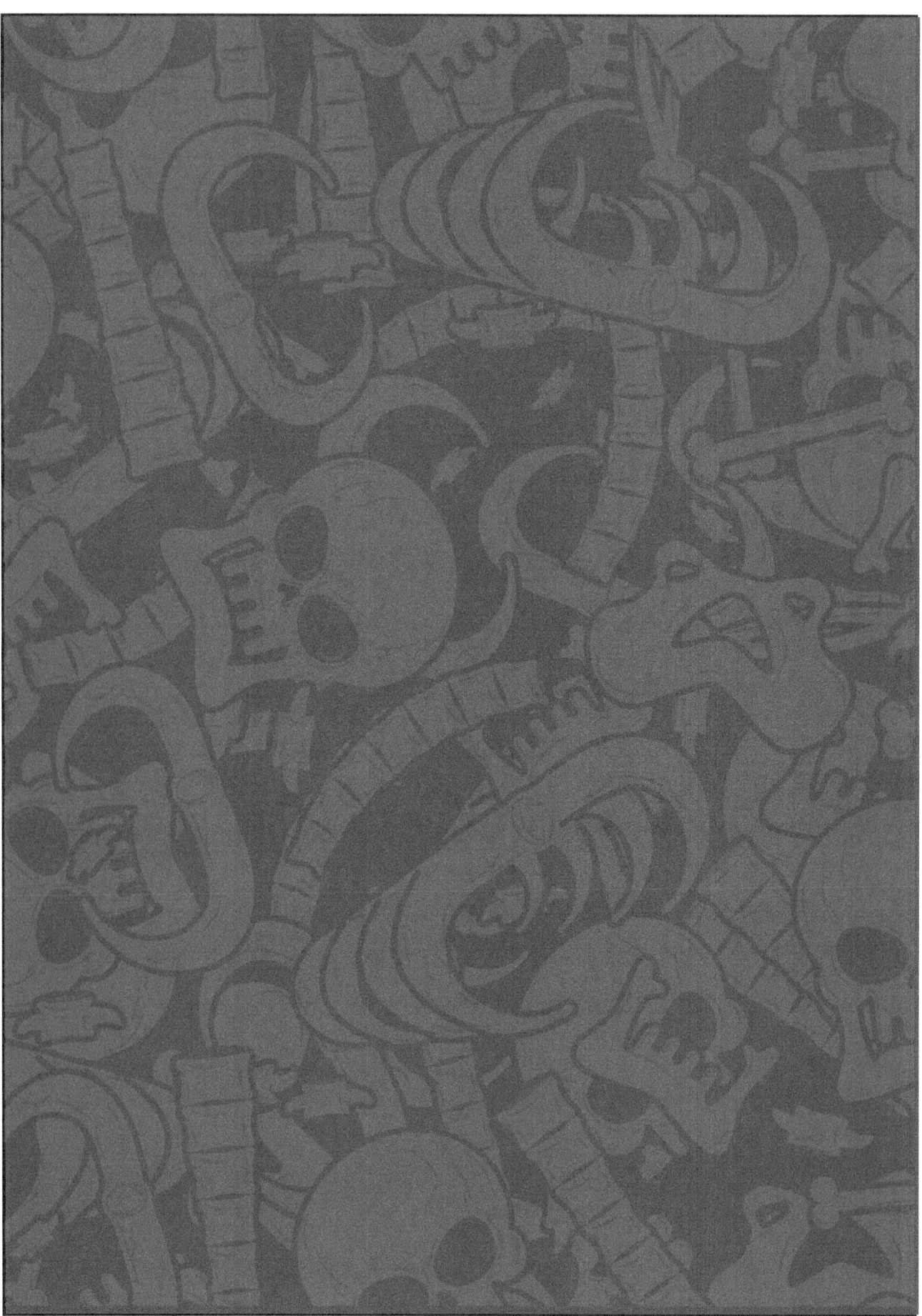

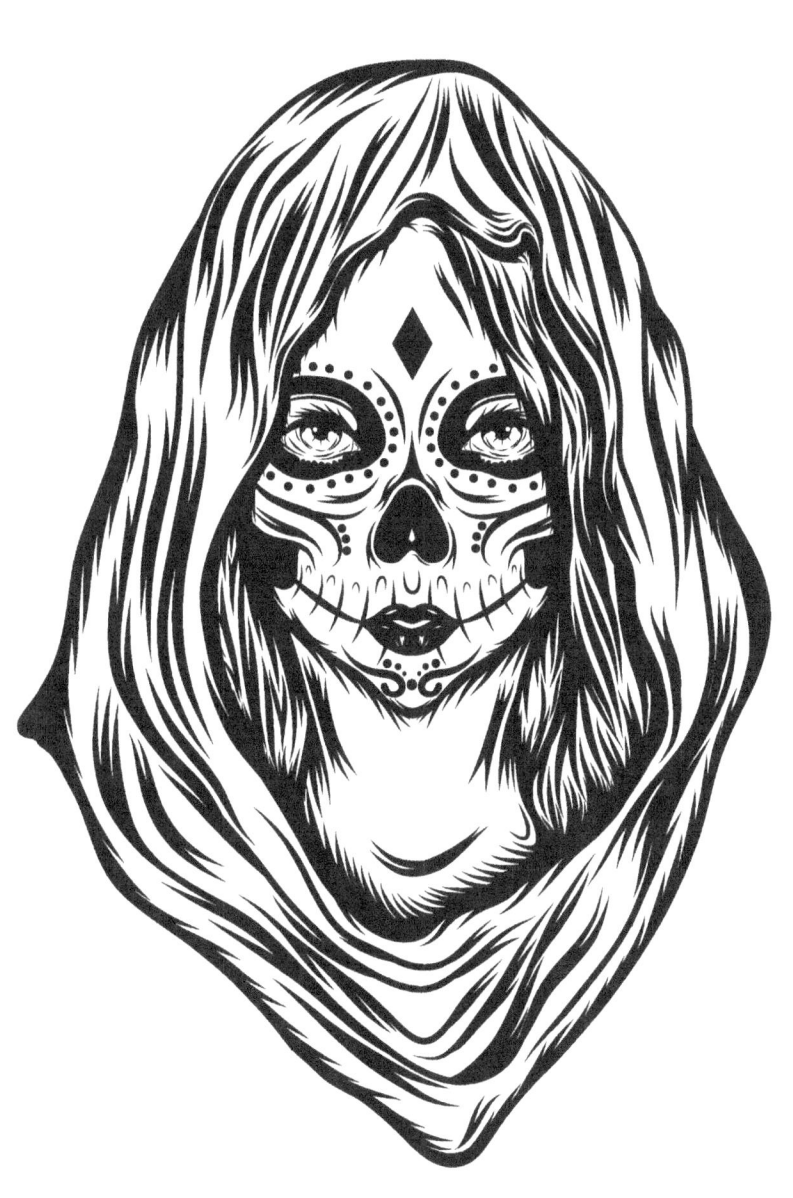

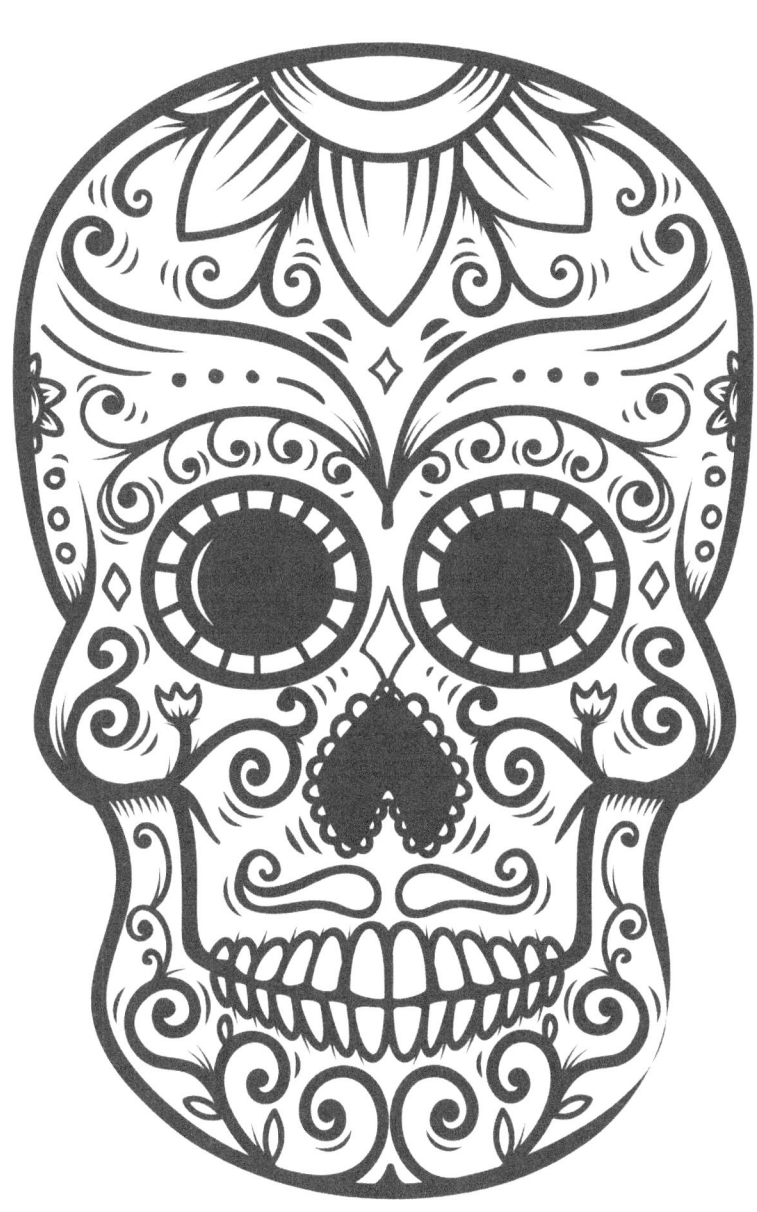

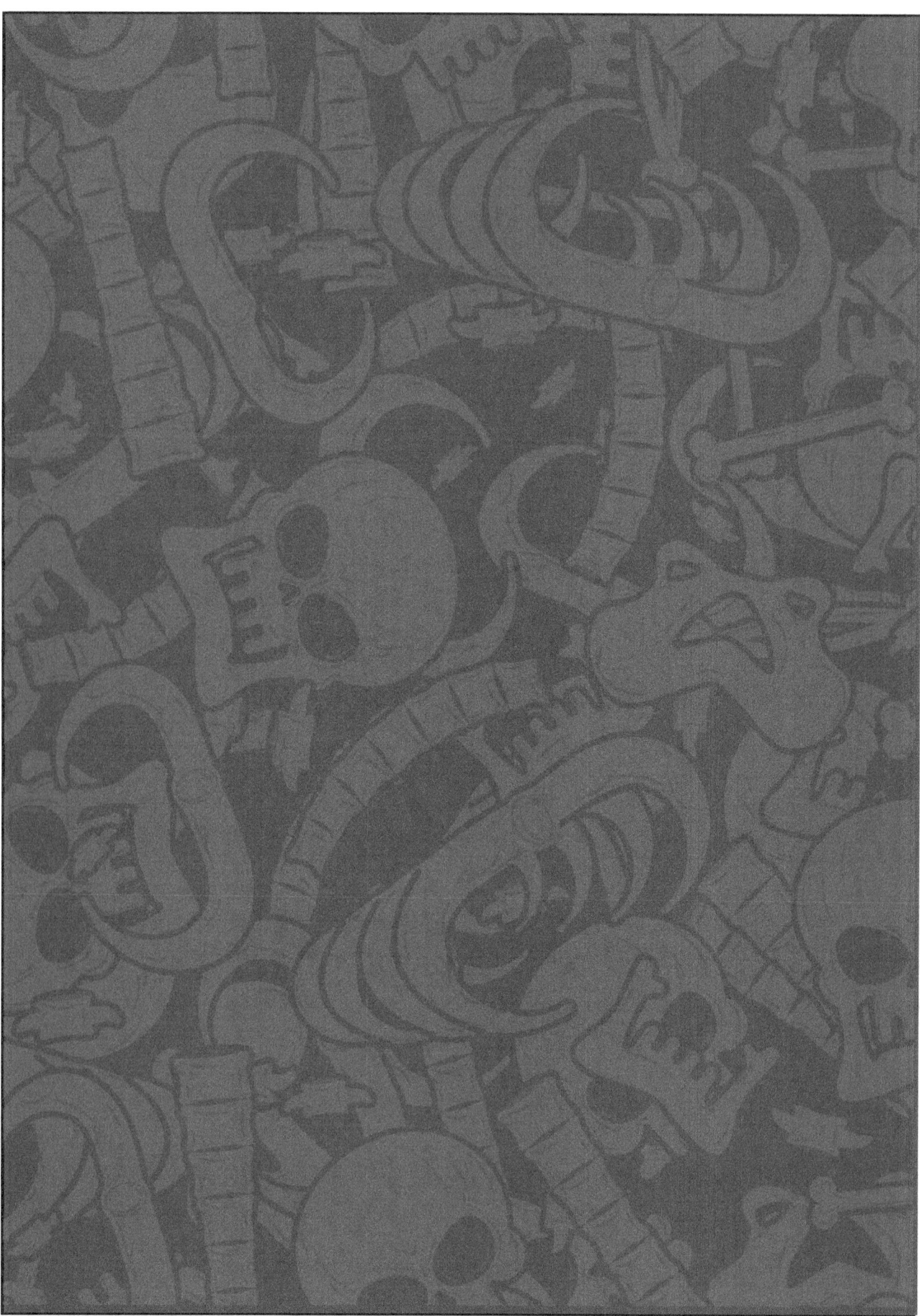

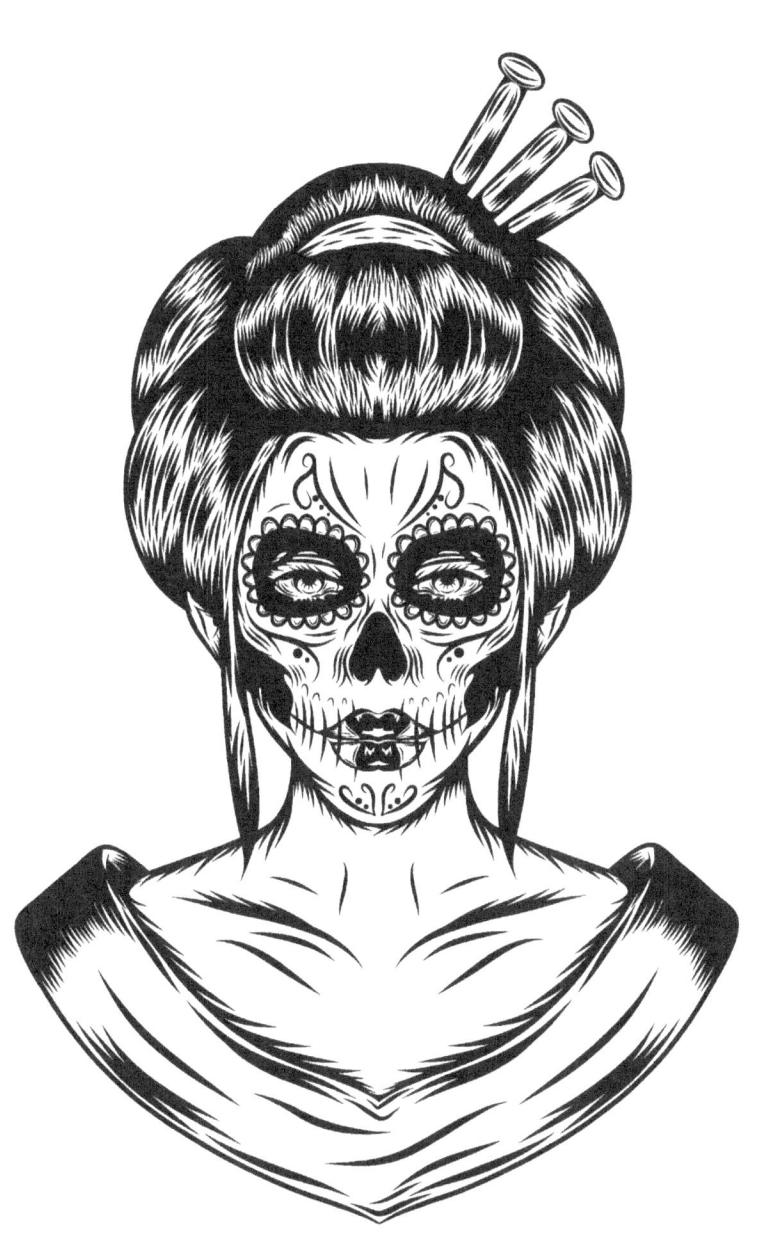

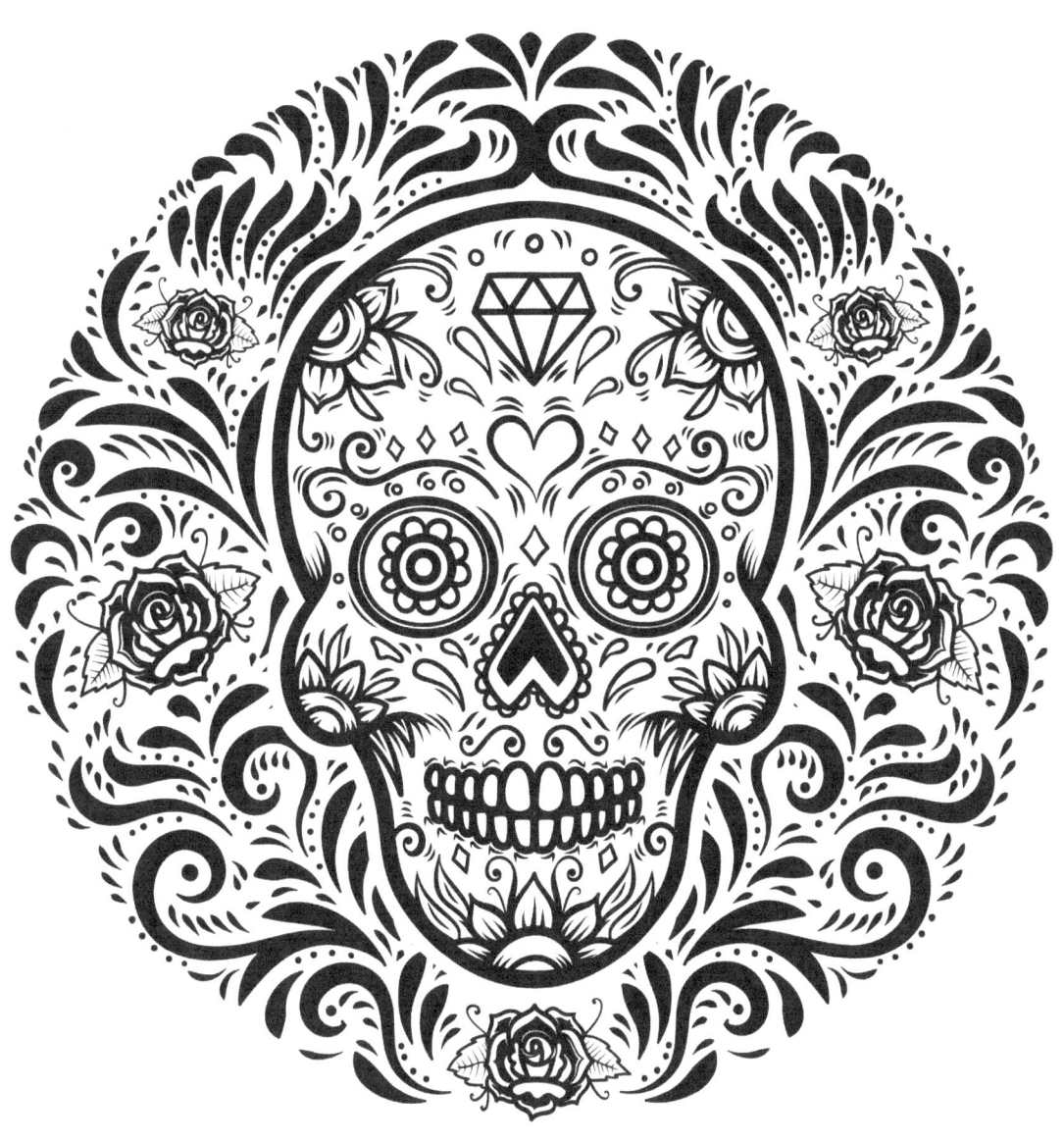

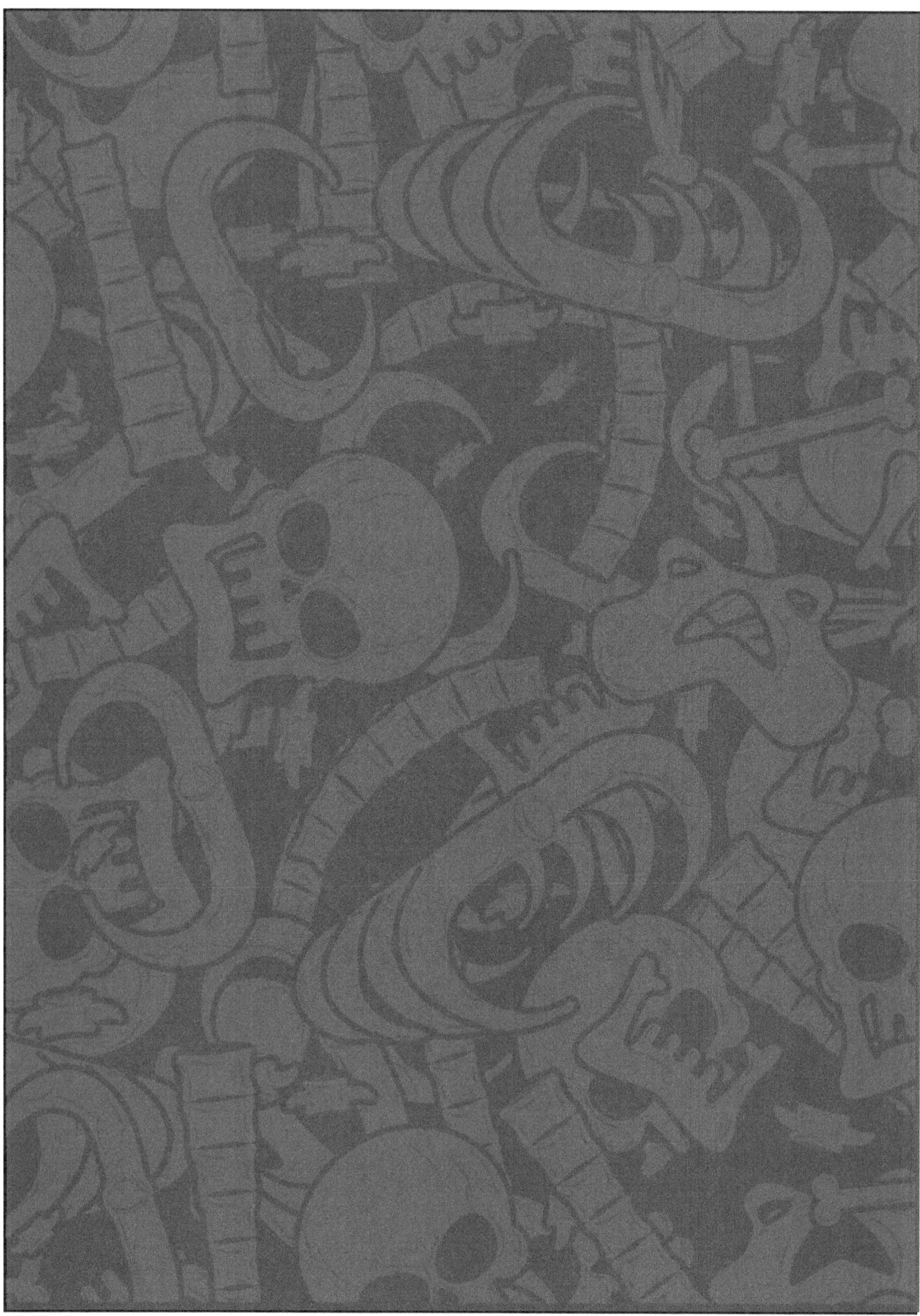

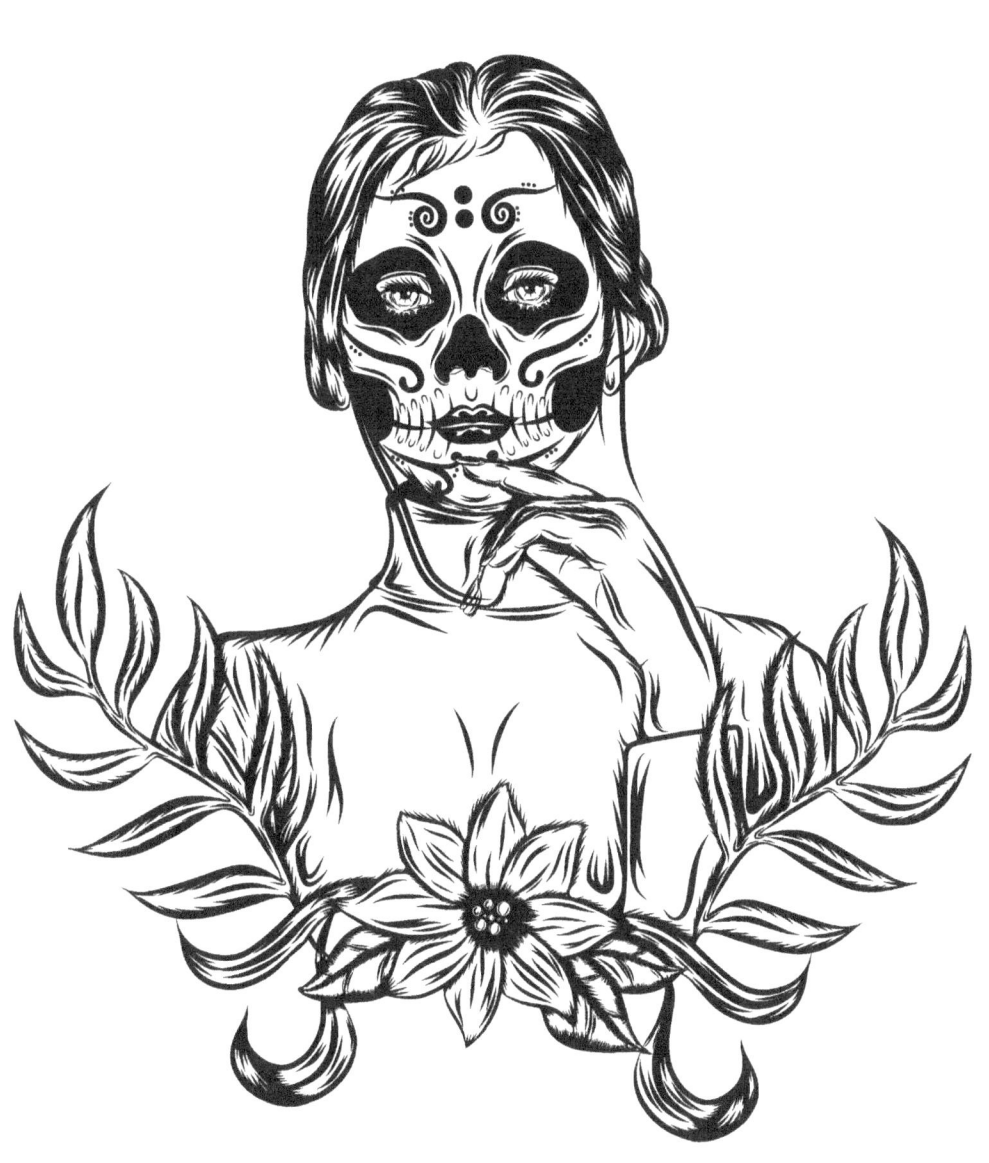

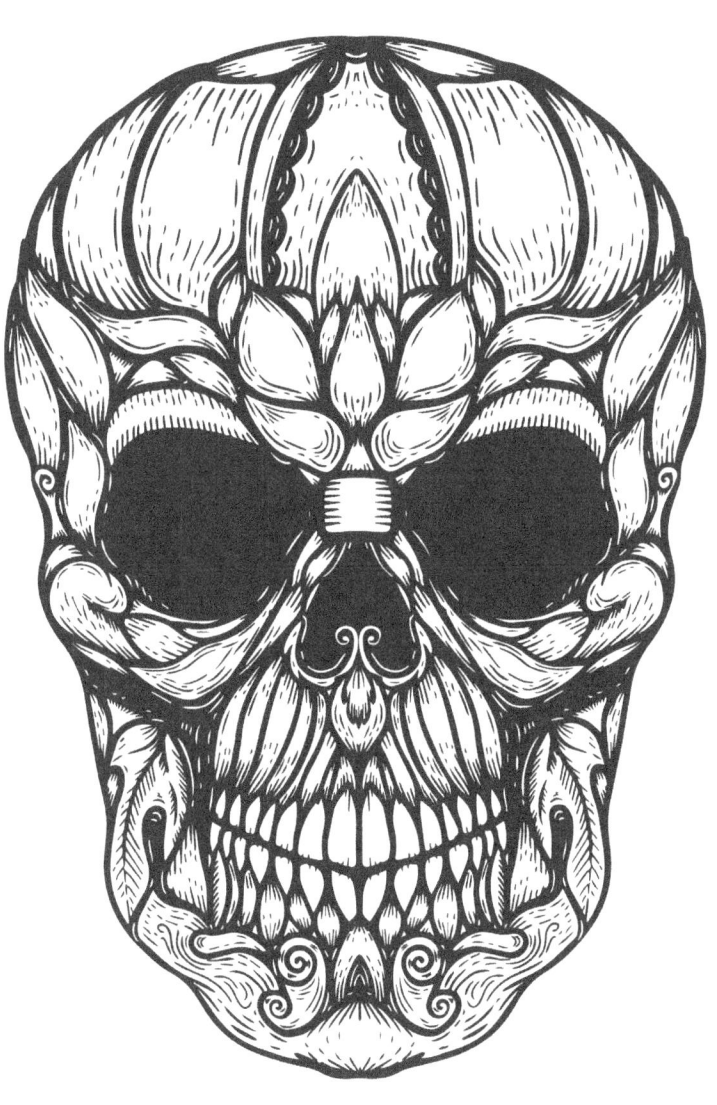

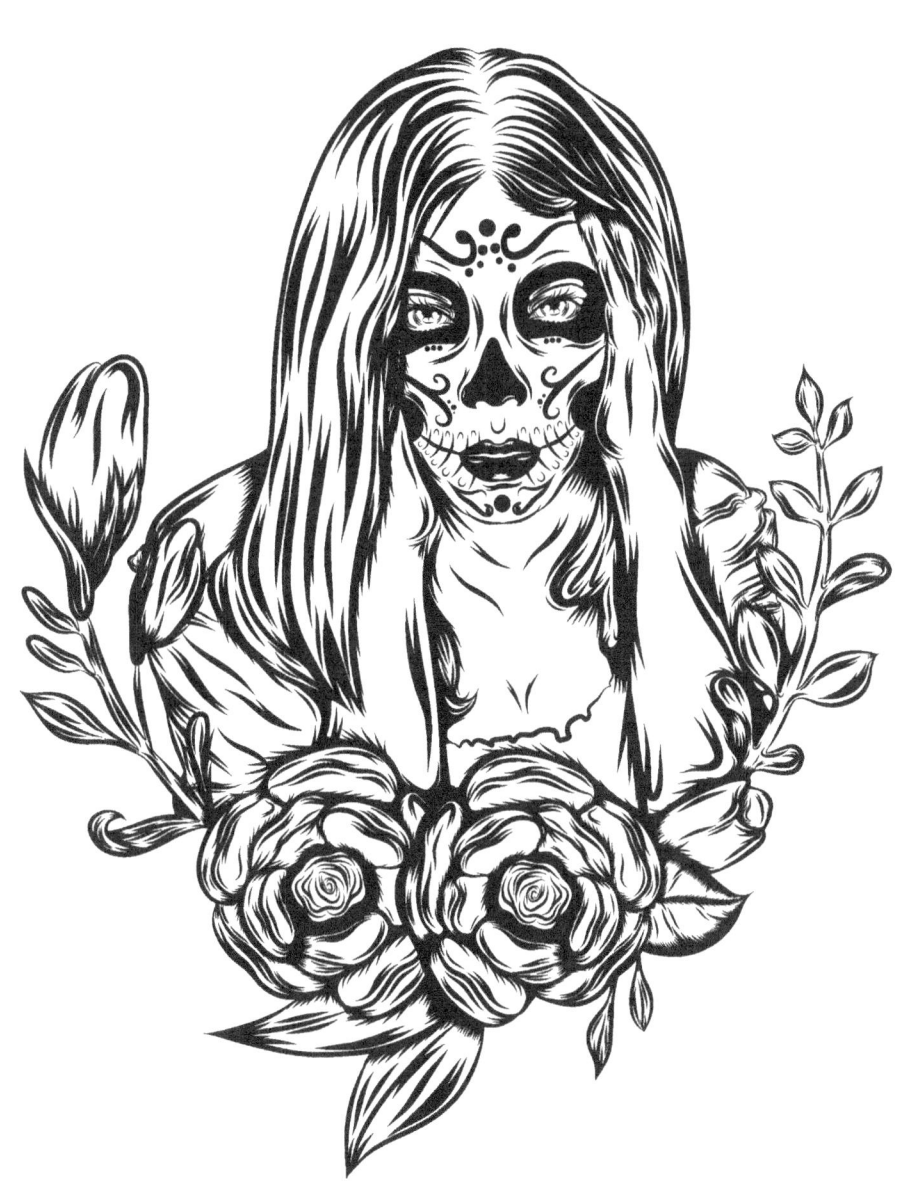

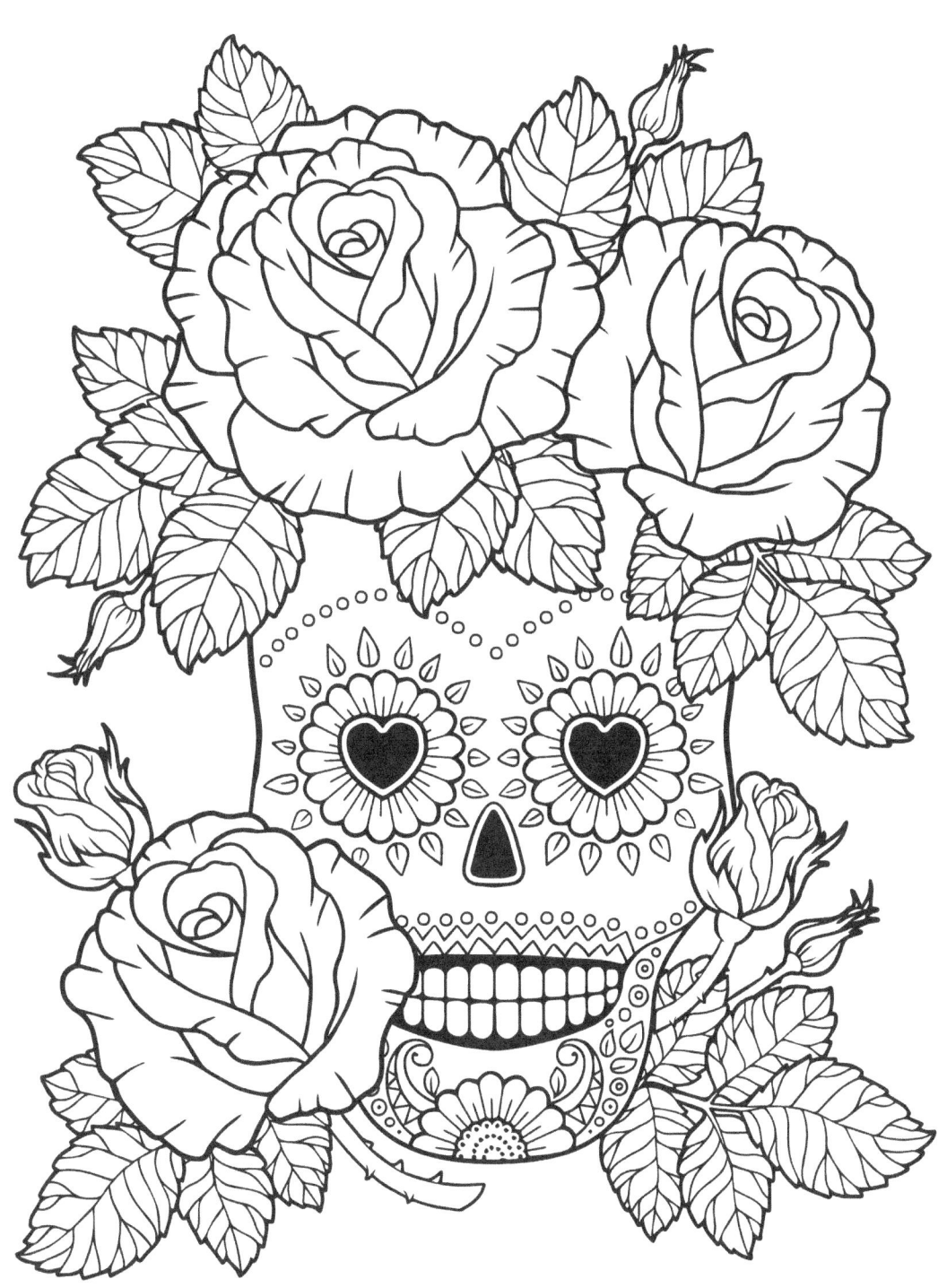

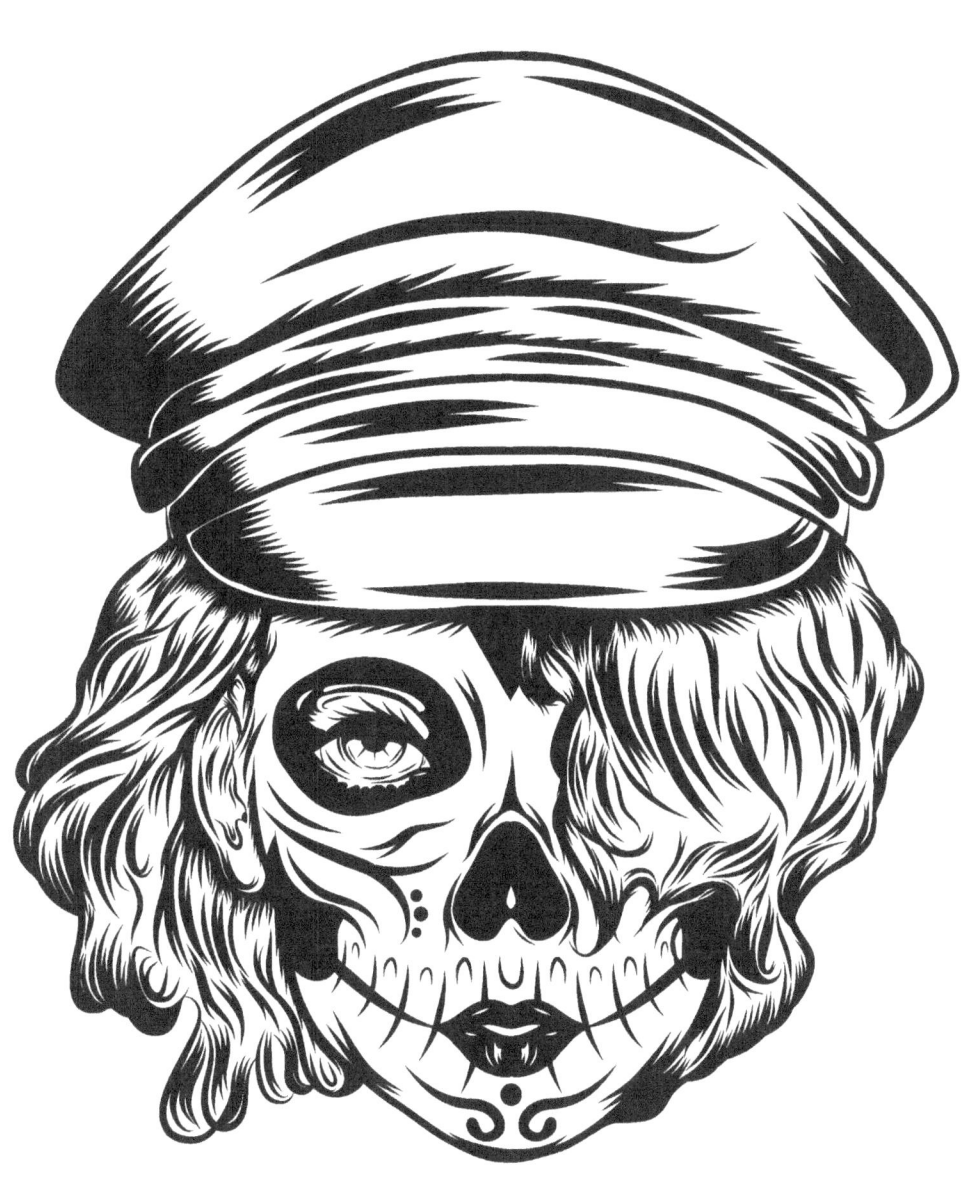

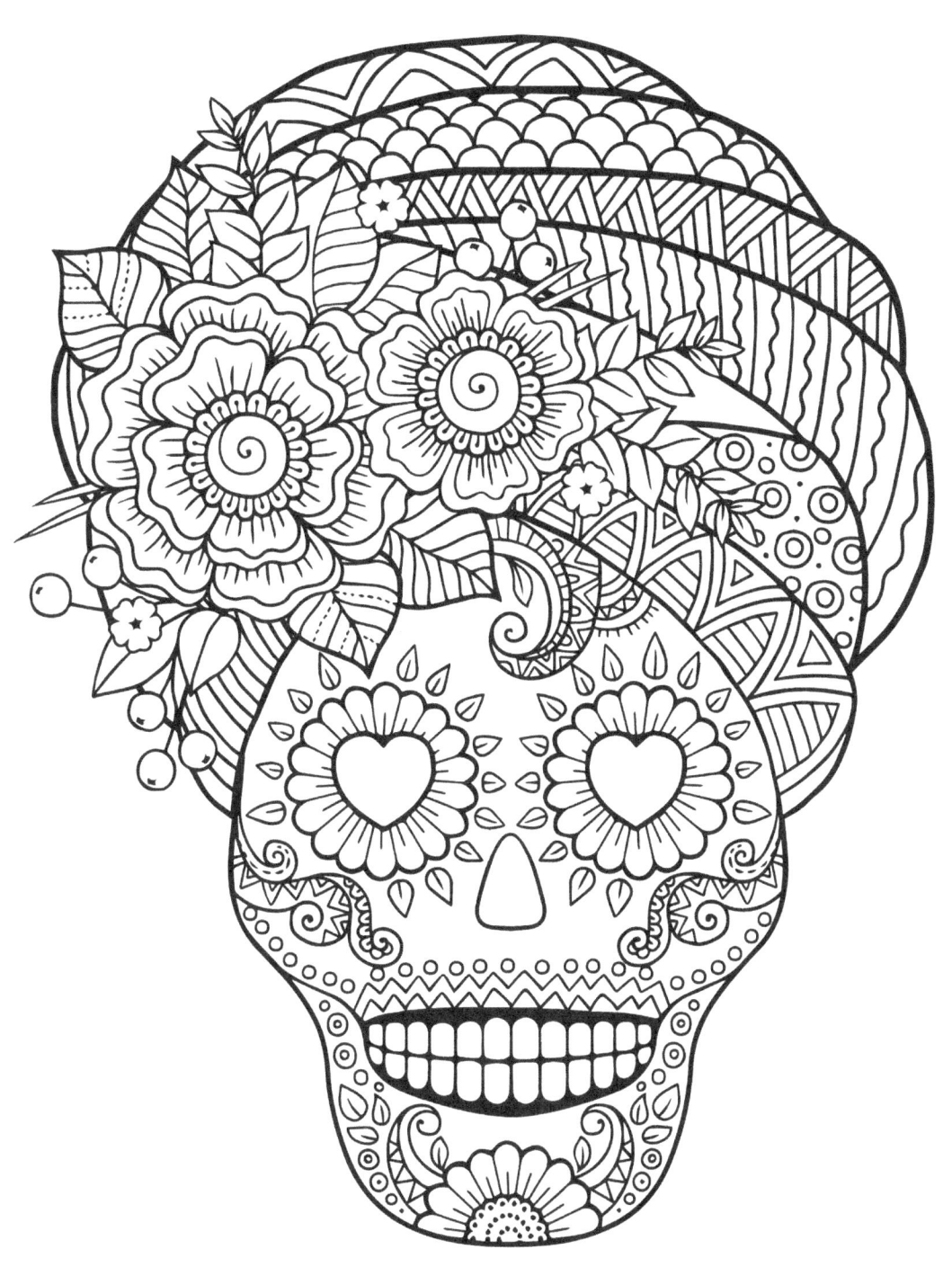

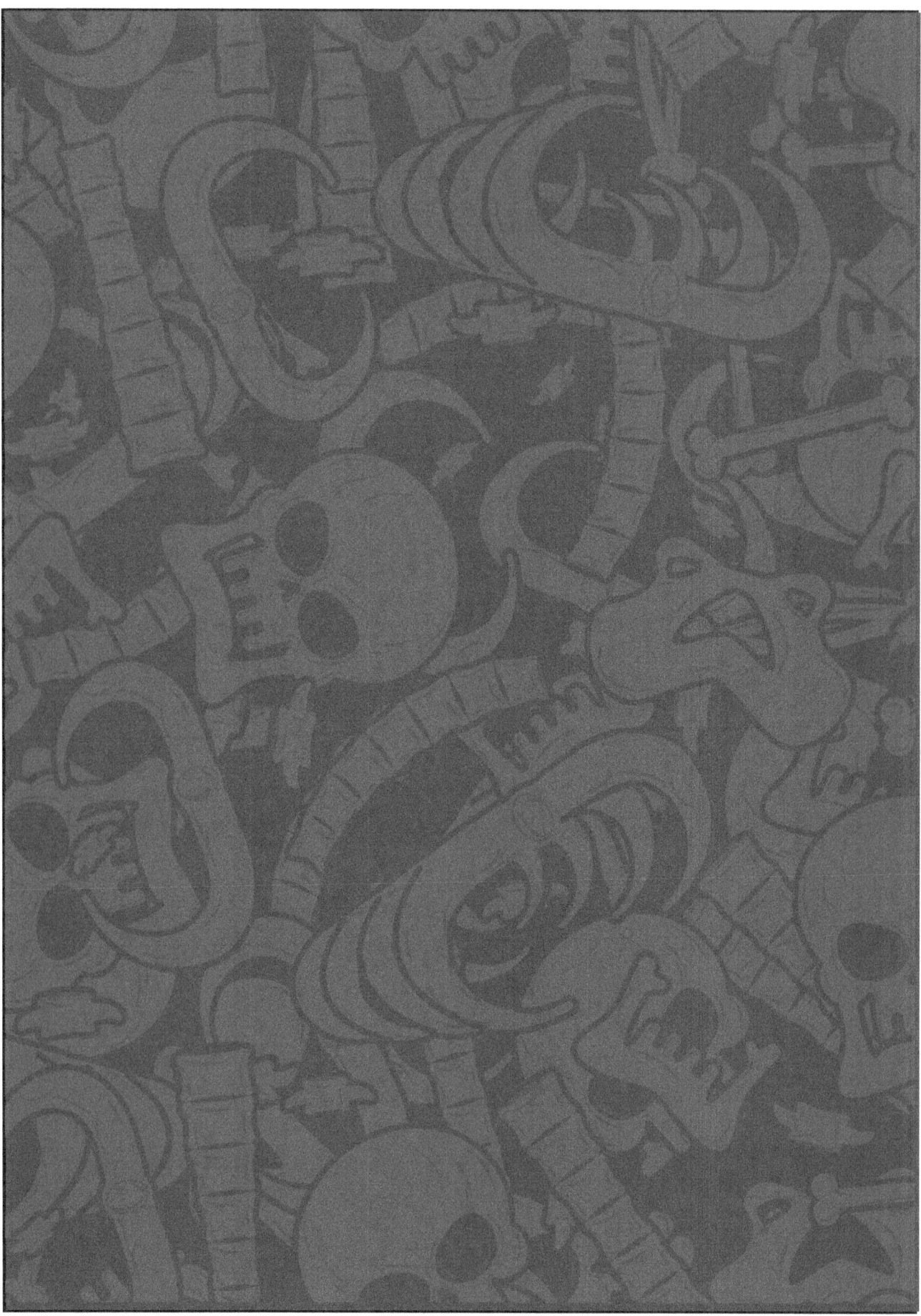

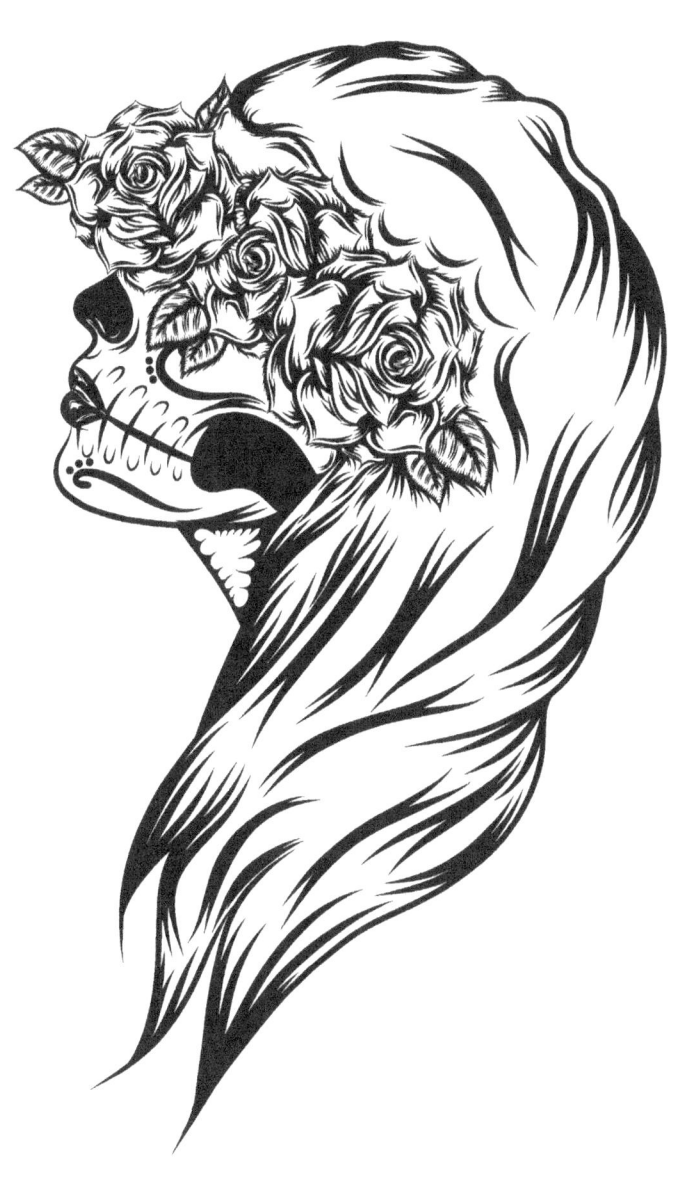

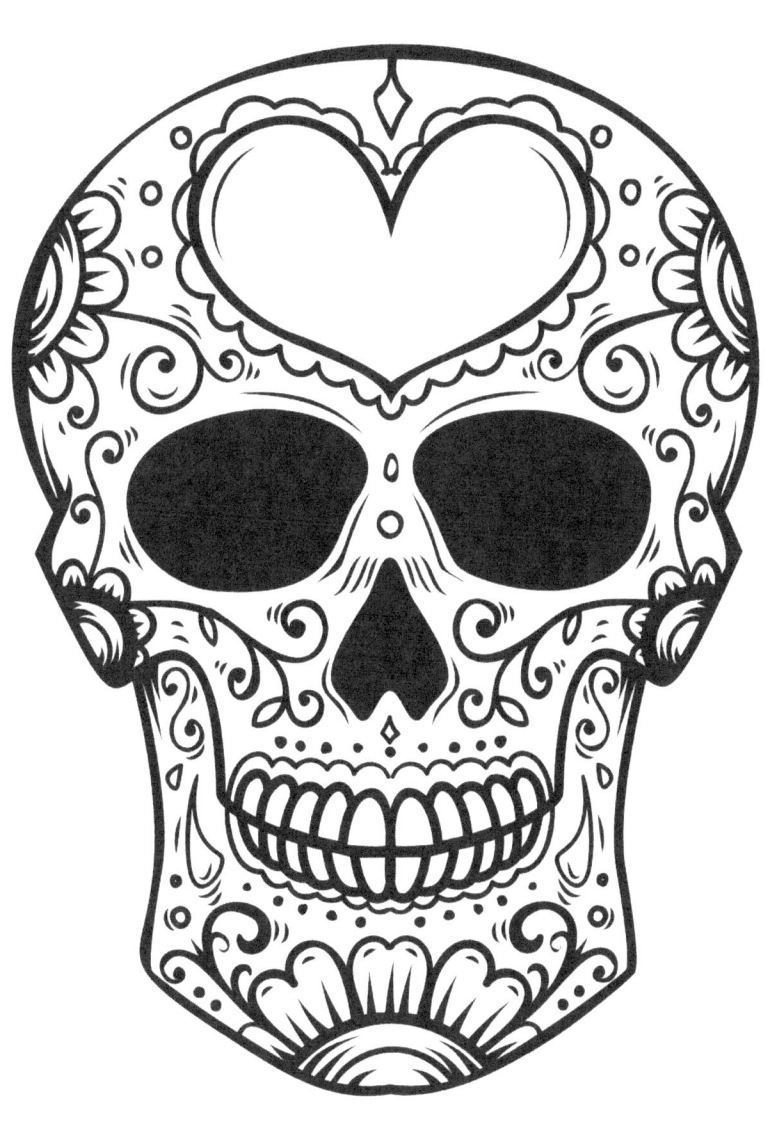

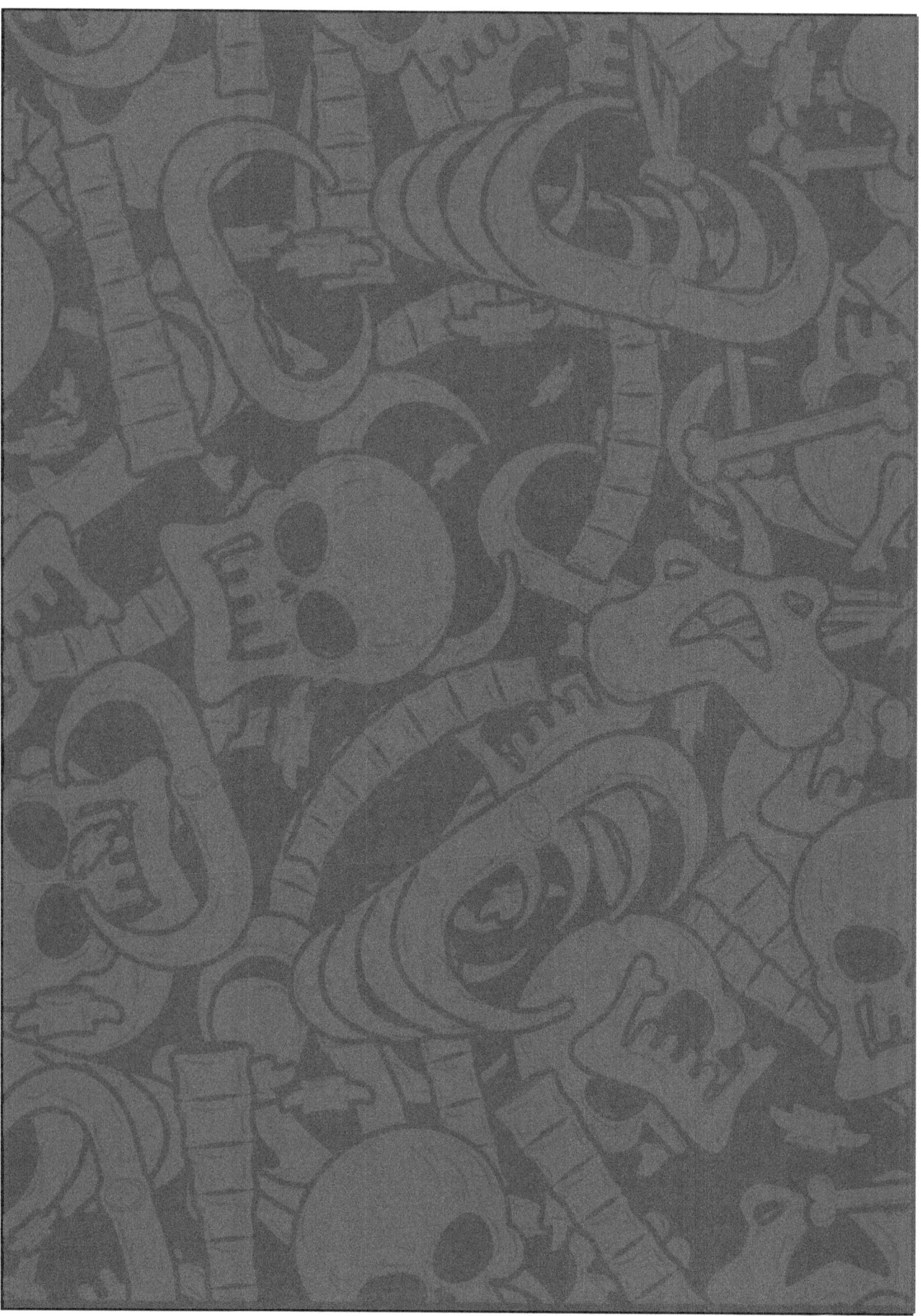

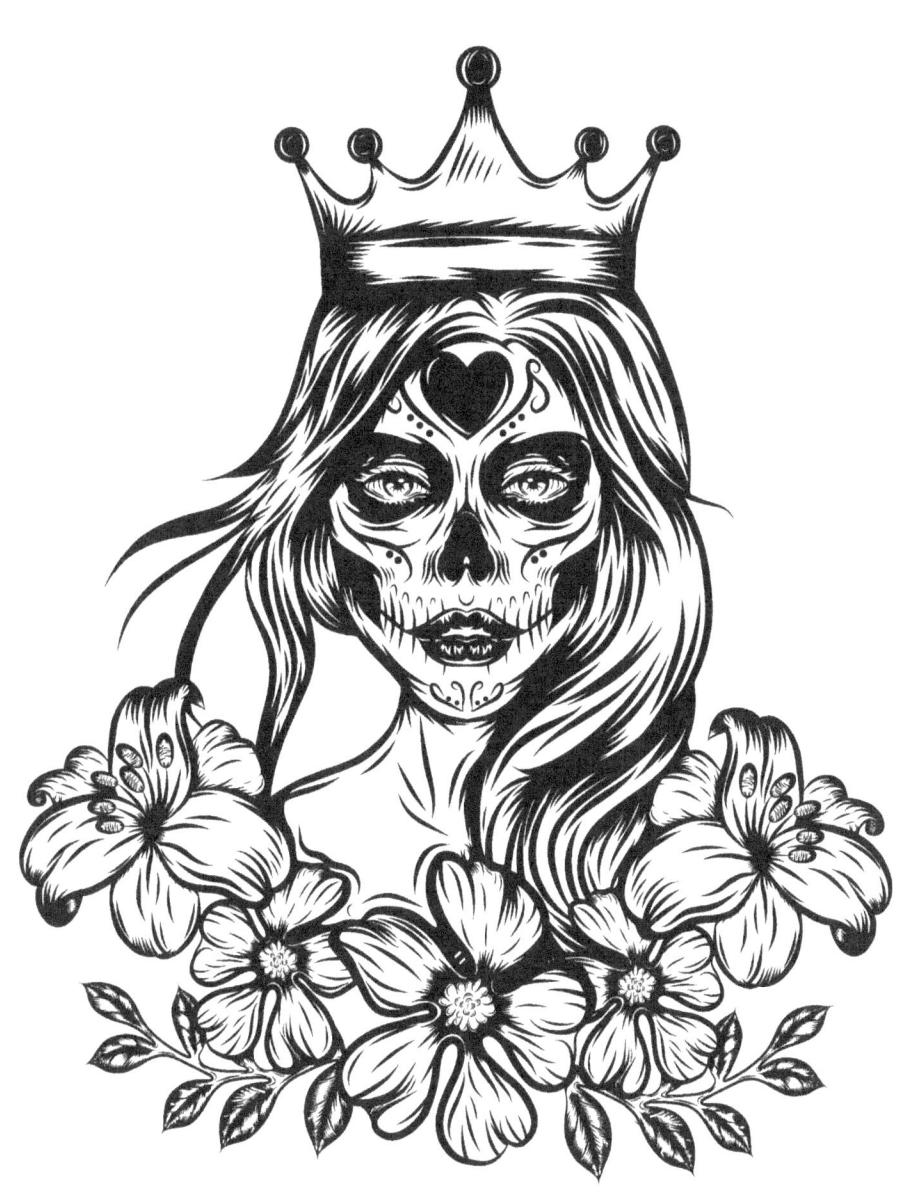

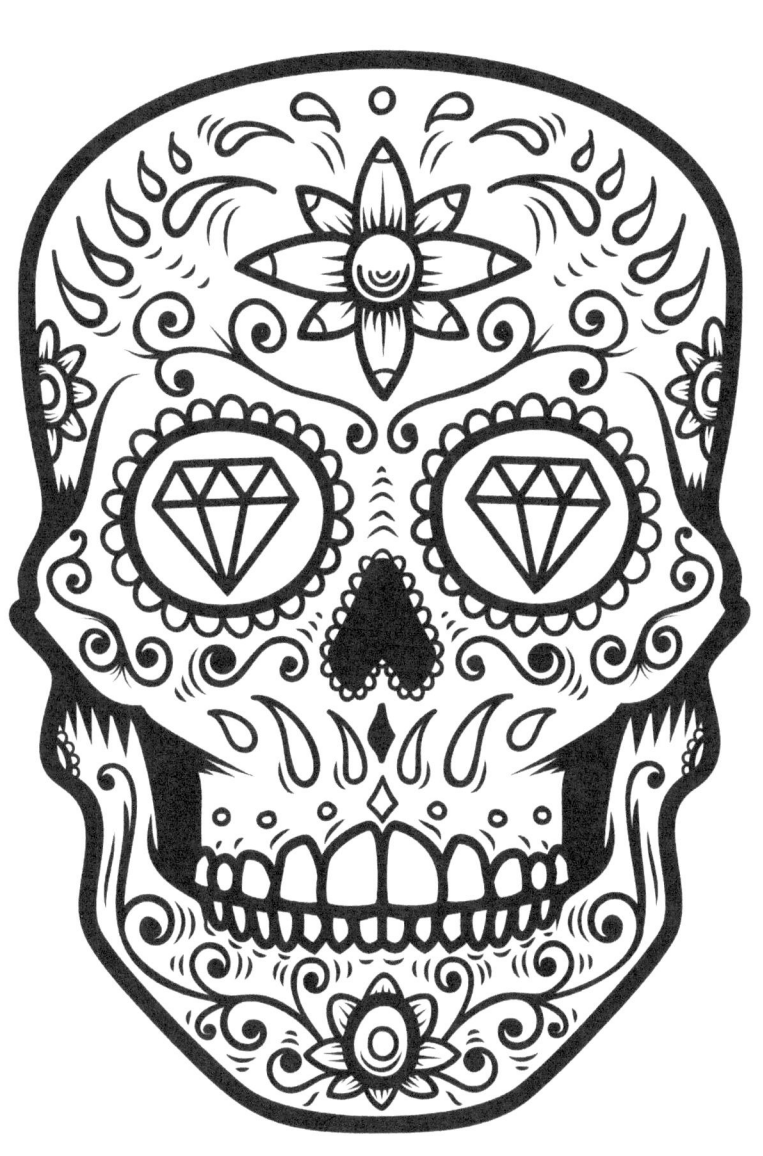

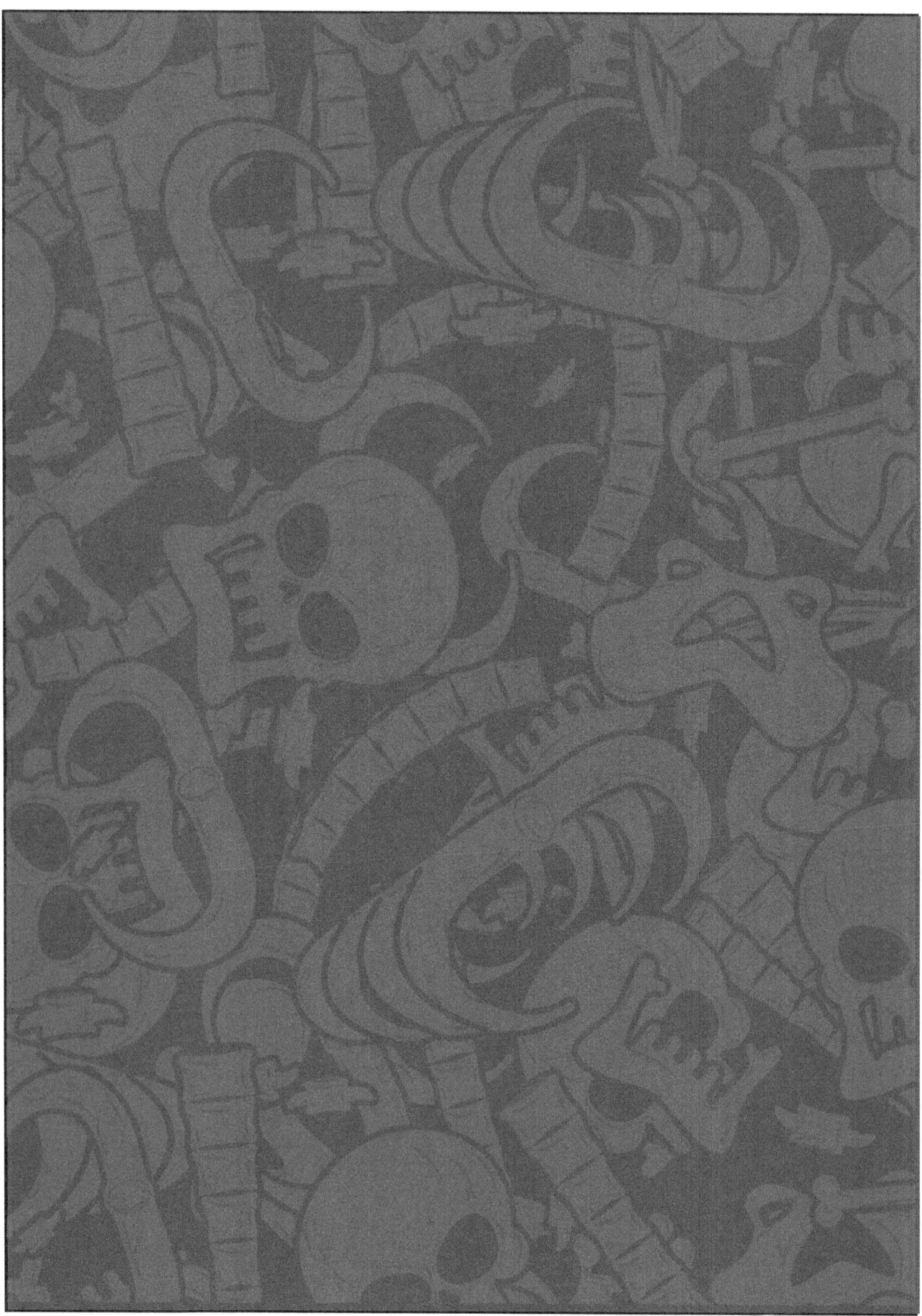

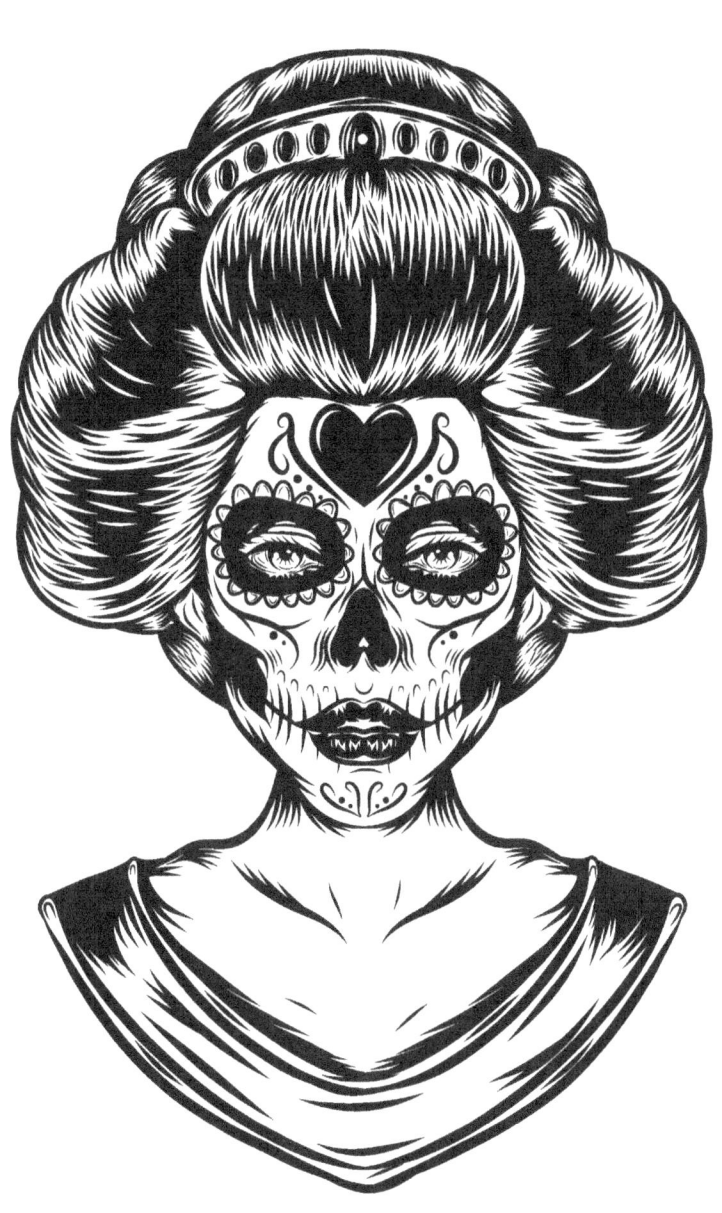

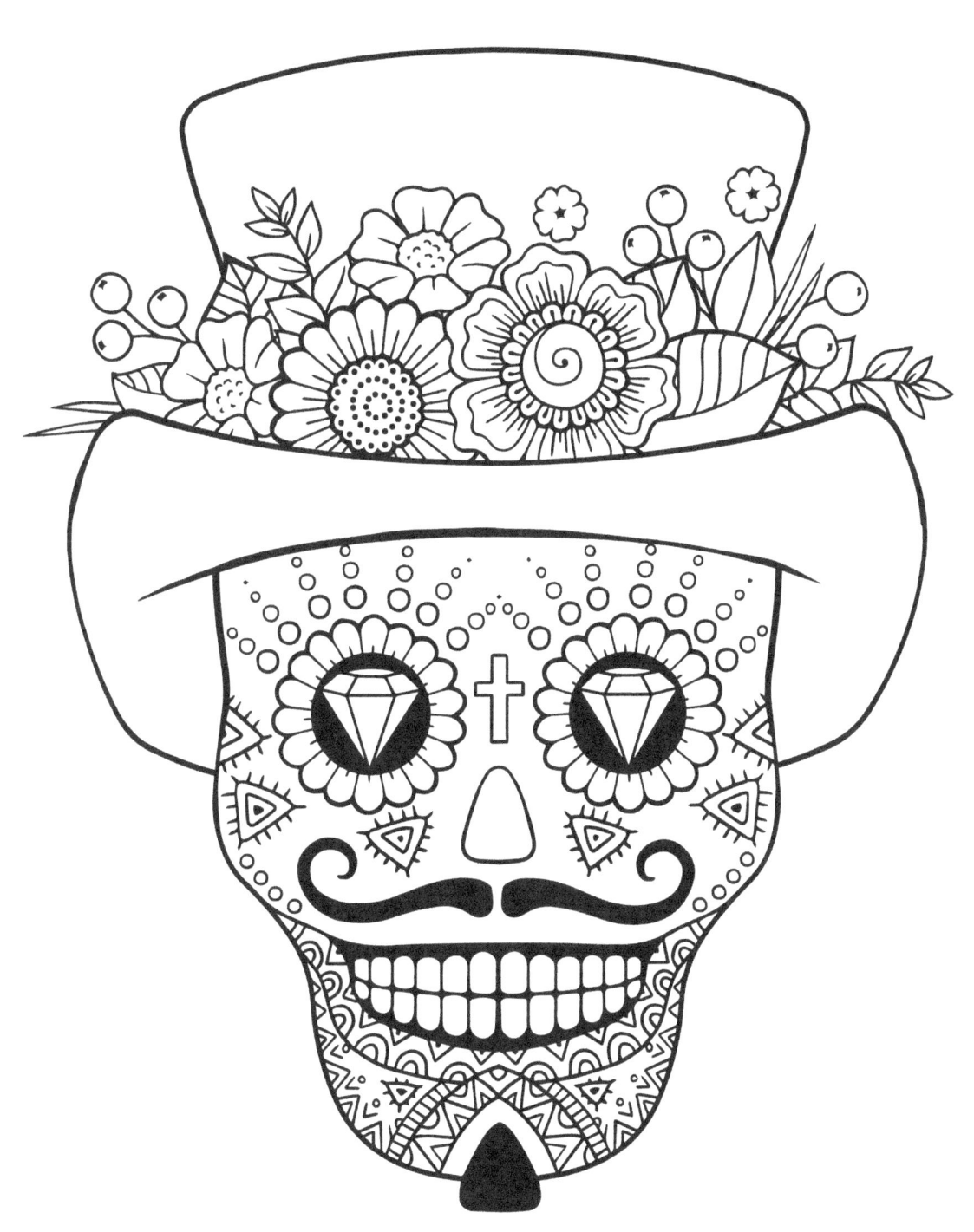

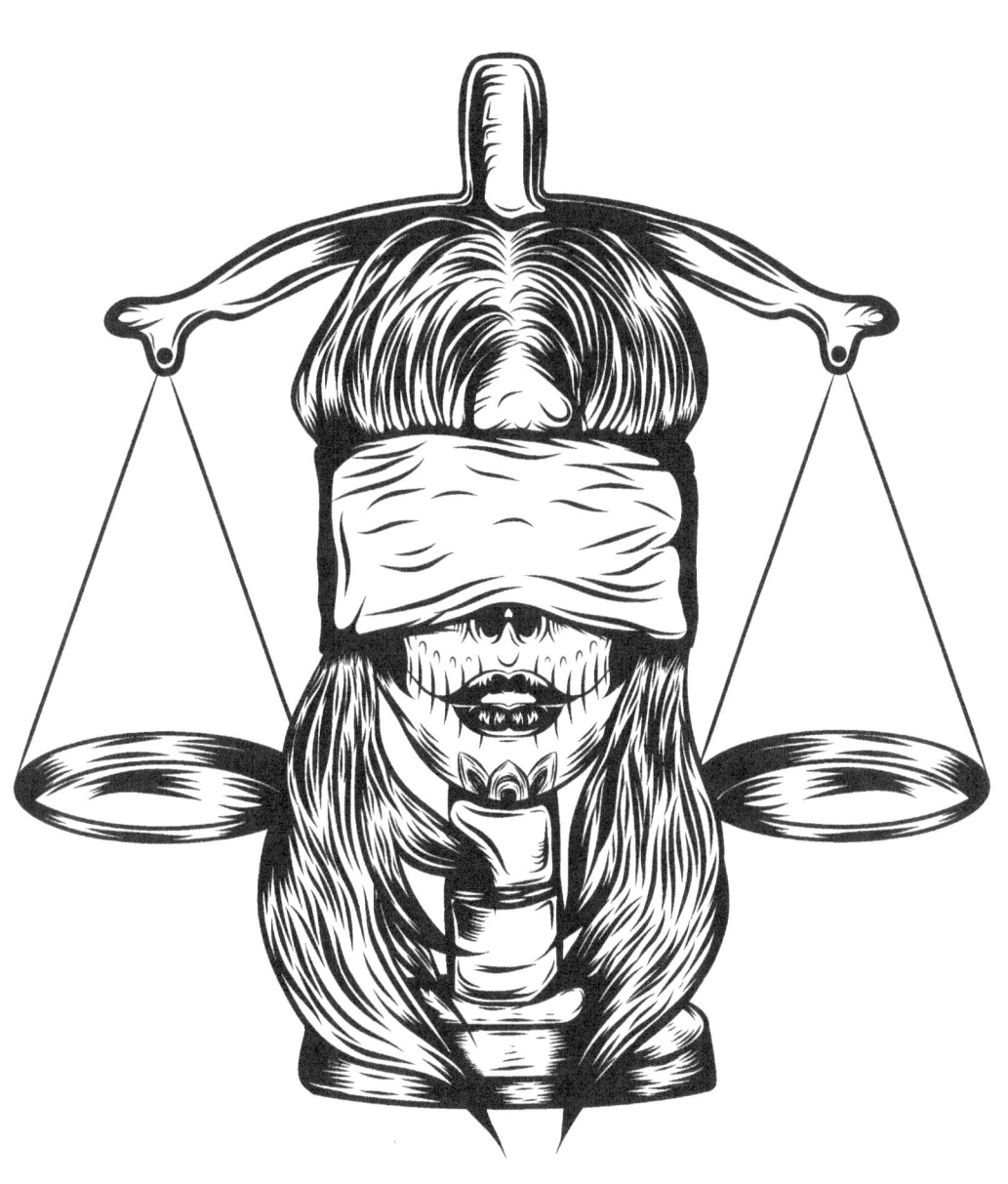

Vielen Dank, dass Sie unser Buch gekauft haben!

Wenn Ihnen dieses Buch gefällt, würden wir uns über Ihre Meinung zu Amazon freuen.

Gehen Sie dazu auf die Amazonas~Seite dieses Buches und klicken Sie auf "Meine Rezension schreiben".

Ich danke Ihnen vielmals!

www.ingramcontent.com/pod-product-compliance
Lightning Source LLC
Chambersburg PA
CBHW081003220526

45467CB00008B/2678